PRAG

Einst Stadt der Tschechen, Deutschen und Juden

Jiři Gruša · Eda Kriseová · Petr Pithart

PRAG

Einst Stadt der Tschechen, Deutschen und Juden

Mit 114 Abbildungen

Aus dem Tschechischen
von Joachim Brus

Langen Müller

INHALT

© 1993 by Albert Langen
in der F.A. Herbig Verlagsbuchhandlung GmbH, München
Alle Rechte vorbehalten
Sämtliche Bilder entstammen den Archiven der Verfasser
Umschlagentwurf: Wolfgang Heinzel
Herstellung: VerlagsService Dr. Helmut Neuberger
& Karl Schaumann GmbH, Heimstetten
Gesamtherstellung: Ludwig Auer GmbH, Donauwörth
Gesetzt aus der 12/15˙ Lino-Walbaum
Printed in Germany
ISBN 3-7844-2411-2

VORWORT

Als mir unlängst eine Stasi-Akte in die Hand fiel, in der das berühmt-berüchtigte Ministerium für Staatssicherheit die ständige Beobachtung einer Wohnung in der »DDR-Hauptstadt« befohlen hat, um gegen mich eine ganze Reihe »inoffizieller Mittel« einzusetzen, wußte ich auf Tag und Stunde, wann dieses Buch geboren wurde.

Die Autoren trafen sich nämlich in Berlin-Sterndamm, ich mit meinem deutschen Paß und sie mit ihren tschechoslowakischen Papieren, die ihnen eben nur Reisen ins »brüderliche Ausland« ermöglichten, das sich damals schon auf den ersten Bauern-und-Arbeiter-Staat auf deutschem Boden – und (Gott sei Dank) Ungarn reduzierte.

Bereits ein Jahr zuvor ist in der Bundesrepublik ein anderes Buch mit böhmischer Thematik bekannt geworden: *Verlorene Geschichte* von František Jedermann. Unter diesem Namen verbargen sich die Urheber von Text- und Bildmaterial, die fast alle hier in Berlin am Tisch saßen. Sie haben die ersten Vorarbeiten für das geleistet, was man auch als »tschechische Schuldfrage« bezeichnen könnte. Nicht unbewußt an die Jasperssche Fragestellung angelehnt, beschäftigten sie sich mit dem, was sich bis dahin schamhaft hinter dem Terminus »Ausweisung der Verräter und Kollaborateure« verborgen hatte und was in Deutschland wesentlich präziser als Vertreibung der Deutschen aus der Tschechoslowakei bezeichnet wurde.

Metropolis – Tripolis Praga sollte sich der diesmal weniger düstere Band nennen, der die »dreifache Seele« der Stadt in ihrer tschechischen, jüdischen und deutschen Substanz zum Ausdruck bringen wollte: wiederum vor allem für den tschechischen Leser, der beinahe drei Generationen lang dazu bestimmt wurde, einmal diesen und zum anderen Mal jenen Bestandteil als nicht existent zu betrachten, bis er tatsächlich zu vergessen haben schien, daß auch er selbst – ähnlich wie seine Stadt – nur eine *mixtura magica* – ist – und bleibt.

Prag war zu jener Zeit zwar mehr grau als golden, hat aber doch irgendwie erfolgreicher als andere Städte des ehemaligen Ostblocks der teuflischen Langeweile des real dahinsiechenden Sozialismus getrotzt. Es hat auch zuvor mehr Widerstand geleistet, als sich die deutsche wie auch tschechische Ethnophobie auf dem Land breit machte. Die davon Befallenen sahen in den Pragern beider Landeszungen heimatfremde, »dem Volk entfernte« (so klang es wörtlich im Tschechischen) Spottvögel ohne jede Bodenständigkeit (so klang es zur Abwechslung auf deutsch), denen nichts hehr und heilig ist.

Eigentlich blieb Prag bis zum Münchner Abkommen die *metropolis mater urborum* (das Wappenwort), die »Mutter der Städte«, sofern man es gesamteuropäisch sieht.

Schon das deutsche Echo auf die »Verlorene Geschichte« war für uns unerwartet – ja Mißtrauen erregend. Die Echtheit der Samisdatquelle glaubte man uns nicht ganz. Das sollen die Tschechen geschrieben haben? fragte mich jemand. Diesmal wollten wir also ungetarnt (zu Hause wie im Ausland) auftreten. Kein anderes Projekt der Untergrundliteratur ist je zu einem ähnlichen Spätzünder geworden wie dieses Buch. Die langwierige Suche in den Archiven und die verschärften Reisebeschränkungen – vielleicht auf Grund einer Meldung aus Berlin? – verzögerten die Arbeit. Wir haben zwar die scharfen Genossenaugen erkannt und fortan die Trostlosigkeit der Ostberliner Straßen gemieden, aber der neue Treffpunkt – Budapest – lag wesentlich ferner, und je mehr sich das Jahr 1989 näherte, desto mehr wurde für viele auch das »brüderliche Ausland« unerreichbar.

So ist das Buch zwar schon 1987 fertig geworden, und der alte Verleger der *Verlorenen Geschichte* ließ es übersetzen und empfahl es seinem Nachfolger, aber eine »Archäologie der Zukunft« war vielen damals zuwider, denn auch sie halten die Zukunft für automatisch gegeben – aus dem *Status quo* heraus.

Wer jedoch wie wir das Ticken der Zeit unter der Potemkinschen Kulisse eines ein für allemal abgesicherten Morgen gehört hat, mit dem uns der Marxismus-Leninismus mit Brachialgewalt beglücken wollte, der wußte sofort, daß auch diesmal die Zukunft unter den Trümmern liegt als eine Kraft, die nicht automatisch für uns arbeitet, die wir uns aber zunutze machen können, wenn wir unseren Weg erkennen. Denn uns schien, daß die Zukunft zwar Anpassung verlangt, aber aus einer Kontinuität heraus. Verstehen war uns Bestehen, die Besinnung auf die Kontinuität wiederum ermöglichte es uns, das Ticken der Zeit in uns und um uns herum zu hören.

Wir haben also diese Archäologie der Zukunft betrieben und waren uns irgendwie darüber im klaren, daß im Wirbel des kommenden Wandels die Weichen neu gestellt werden und daß wir dabei nicht nur selbst zur Wahl stehen, sondern auch unsere Wahl zu treffen haben, weil das, was entstehen soll, Bestand haben muß – in uns.

Es gibt vielleicht keinen anderen Ort in Europa, an dem die Nachteile der verlorenen Vielfalt unseres Kontinents so deutlich vor Augen stehen wie in Prag. Und nirgendwo sonst läßt sich so schnell feststellen, daß jede Kulturblüte, ja jede *ordo humanis* ein Ergebnis einer gelungenen (und bestandenen) Wahl ist. So waren das luxemburgische, rudolfinische, das kakanische und selbst das republikanische Prag immer symbiotisch. Die Symbiose hat uns fasziniert, widerspruchsvoll, verflochten, verzweigt, hartnäckig allen Vereinheitlichungspredigern widerstehend, bis sie unter dem Anprall des Krieges zusammenbrach.

Das Ende hat uns erschreckt, es sollte für unsere Landsleute zum Memento werden. Doch inzwischen standen diese in den Straßen von Prag und schlugen mit ihren Hausschlüsseln dem Kommunismus das Grabgeläut. Petr Pithart wurde zum Ministerpräsidenten gewählt und Eda Kriseová saß auf der Prager Burg bei Havel, dem echten Prager, dem ersten nach vielen Jahrhunderten, der dort wieder residierte und dazu »pragerisch« dachte und handelte. Ich durfte ebenfalls zurück und dann wiederum nach Deutschland: als Botschafter.

Die ersten Stunden an der Moldau verbrachte ich unter den singenden und weinenden Menschen. Ich habe mitgesungen und gespürt, daß in den Singenden noch etwas mitsingt, was mich beklommen machte. Allmählich erkannte ich dann, daß selbst der berühmte Ruf der DDR-Deutschen, der in allen den Ländern des Posttotalitarismus seine Parallele fand, jenes *Wir*

sind das Volk, doppelsinnig ist. Das meistmißbrauchte Wort unseres Jahrhunderts hat in keiner der Sprachen die wichtigste und zukunftsweisende Unterscheidung parat: seine Aussage läßt nämlich offen, ob es sich um einen *Demos* oder nur um den *Ethnos* handelt. Ohne Demos aber, der Gemeinschaft politisch bewußter Bürger, keine Demokratie, mit Ethnos dahingegen *nur* »Ethnokratien«, und die Gefahr der Herrschaft moderner Ersatzreligionen und ihrer Handlanger.

Das Buch, das den Demos von Prag beschwört, wurde unter so vielen Fahnenschwingern allerorts und allerseits plötzlich noch aktueller. Es zeigte, daß jene, die den Begriff Freiheit als Freiheit *von den anderen*, als bloße Souveränität verstanden, die Freiheit verloren haben. In welche Richtung haben wir Europäer uns seit 1914 bewegt? Stehen wir noch bei Sarajewo oder schon näher bei Prag – dem alten Prag?

Die Weltwetterlage ist so stürmisch geworden, daß es diesem Buch gelang, selbst unsere Ämter zu überleben. Petr Pithart und Eda Kriseová (ja selbst Havel) ziehen bereits durch die Stadt als unbeamtete Denker, und ich bin zu einem Botschafter geworden – ja wessen eigentlich? Vielleicht am ehesten von Prag?

Warum auch nicht, die Botschaft ist doch die Botschaft des Lebens. Es lohnt sich, sie weiterzutragen.

Bonn, im Juli 1992   Jiři Gruša

7

PROLOG

In den fünfziger Jahren des vergangenen Jahrhunderts, kurz nach Erfindung der Fotografie, ist Prag eine Stadt, die noch nichts von den Konflikten und Zusammenstößen ahnt, die auf sie zukommen. Tschechen und Deutsche leben hier eher miteinander als nebeneinander. Die Grenzen von Deutschtum und Tschechentum sind unklar und verwischt; denn nicht nur die Deutschen sprechen deutsch.

Es gibt zwar neben der überwiegenden patriotischen Reimerei schon eine tschechische Poesie (Mácha), es werden auch die ersten historischen und völkerkundlichen Forschungsarbeiten veröffentlicht, ja sogar naturwissenschaftliche Begriffe ins Tschechische übertragen, doch das gesellschaftliche Leben der Stadt – auch das der tschechischen Patrioten – ist utraquistisch. Der Historiker Palacký wurde zwar »Vater der Nation« genannt, aber in seinem Hause sprach man nicht selten deutsch. Die tschechische Sprache rückte damit langsam, aber sicher in den Mittelpunkt der kulturellen Anstrengungen der Tschechen, doch ist

sie noch lange nicht selbstverständlicher Bestandteil des tschechischen Alltags, schon gar nicht in Prag. Deshalb bleibt noch für einige Zeit die Sprache sicher eher ein soziales als ein nationales Unterscheidungsmerkmal. Denn je gebildeter und ehrgeiziger der Tscheche ist, desto selbstverständlicher bedient er sich der deutschen Sprache; denn das Deutsche ist noch immer der Schlüssel zum Aufstieg.

Tschechen und Deutsche konnten kaum aufeinanderprallen, solange sie sich weder der Sprache noch der Lebensweise nach voneinander scheiden ließen. Denn auch die letztere war weder tschechisch noch deutsch, sondern böhmisch.

Es war auch sonst keine gute Zeit für nationale Selbstverwirklichungstendenzen. Die zehn Jahre nach der Niederschlagung der Revolution von 1848–1849 waren zehn dumpfe und stickige Jahre. Wien herrschte absolutistisch und mit polizeistaatlichen Methoden. Prag war durchsetzt von Spitzeln, die niemanden mehr zu bespitzeln hatten, weil ohnehin niemand mehr seine Meinung zu sagen wagte. Man muß es der Stadt angesehen haben. Sie war gebeugt und deprimiert, ihr Talent, ihre Energien lagen brach. Auf der Prager Burg, einst Sitz der böhmischen Könige, residierte nun der österreichische Exkaiser, der kindische Ferdinand, den man mangels anderer Attribute »den Guten« nannte. Dieser hatte in Prag Abgeschiedenheit und Ruhe gesucht und gefunden. Die Stadt war provinziell, gedemütigt, in Bedeutungslosigkeit verfallen.

Die Mehrheit der Prager Bevölkerung stellten die Tschechen, und die meisten davon, – also keineswegs die Honoratioren, sprachen tschechisch – nicht aus Übermut, sondern weil sie nichts anderes konnten. Beherrscht wurde die Stadt jedoch von der österreichischen Verwaltung, so daß ihr Aussehen »kakanisch« war – also deutsch in tschechischen Augen.

Noch stehen die Schanzen, und darauf haben die Honoratioren und das einfache Volk ihre Promenaden. Beim Roßtor, das einst dort stand, wo heute der höchste Punkt des abfallenden Wenzelsplatzes liegt, gab es drei Musik-Cafés. In einem wurde Walzer gespielt, im zweiten Volkslieder und im dritten bessere Operetten- und Konzertstücke.

Lange Zeit gab es nur zwei Brücken. Die alte steinerne (Karls-)Brücke und eine neue, häßliche und schwankende, die Kettenbrücke. Auf diesen Brücken, die dem Verkehr der Stadt längst nicht mehr genügten, gab es

immerzu Gedränge. Doch über die Stadtmauern hinweg blickte man ins freie Land: Felder und Weinberge, hin und wieder ein Anwesen, ein Gasthaus.

Zu dieser Zeit war Prag schon durch die Eisenbahn mit der Welt verbunden, und dies sogar in zwei Richtungen. Und in einem »steinernen« Theater sowie in einer Reihe von »Buden« wurde täglich gespielt, tschechisch und deutsch. Doch es war, als ob die Stadt noch auf ihr Erwachen warte.

Am sichtbarsten stehengeblieben war das Leben auf der altehrwürdigen Kleinseite. In den stillen Barockpalästen dieses – je nach Standpunkt – schlafenden oder verträumten Viertels unterhalb der Prager Burg lebte eine Handvoll österreichischer Adelsfamilien, dazu die hohe Bürokratie. Diese Repräsentanten der Monarchie waren und blieben fremd in Prag, ausgeschlossen von der Welt der kleinen Kleinseitner. Viele von ihnen dienten dem Kaiser heute hier und morgen da, ohne irgendwo Wurzeln zu schlagen. Niemand von den eingesessenen Pragern bemühte sich auch nur darum, in diese fremde Welt einzudringen. Sie wurde von livrierten, würdevollen Portiers mit einer Krücke in der Hand abgeschirmt. Hin und wieder rollte eine wappenverzierte Kutsche aus dem Inneren eines Hofes, und hinter herabgelassenen Vorhängen huschte ein gräflicher

Prager Ghetto 1902 – Meiselgasse

Schatten vorbei. – Die Kleinseite war eine österreichische Insel innerhalb des tschechisch-deutschen Prag, eine Art Reservat für die Würdenträger langsam abtretender Zeiten, exterritoriales Gebiet des herrschaftlichen Wien. Hier sprach man ein eigenartiges »Kleinseitner« Deutsch.

Auch dies also – und streng genommen nur dies – war das deutsche Prag. Das »deutsche« Prag ohne die Kleinseite war nämlich in Wirklichkeit das deutsch-jüdische. Das Altprager deutsche und das Altprager jüdische Element lassen sich nicht voneinander trennen. Diese ansässigen Deutschen und Juden machten zu Beginn der fünfziger Jahre des 19. Jahrhunderts wohl etwa sechzehn Prozent der Gesamtbevölkerung aus. Es war nicht einfach, das auszurechnen, und es war auch für niemanden besonders wichtig. Die Statistik wird erst später zu einer Waffe.

Es gab auch eine Garnison, geführt von österreichischen Offizieren, die ähnlich uneingesessen waren wie die hohe Bürokratie. Und es gab die Deutschnationalen: Abgeordnete für die sudetendeutschen Wahlkreise. Auch sie hatten ihren Sitz zumeist in Prag, obwohl sie hier keine Wähler hatten. Diese Politiker trafen sich im deutschen Kasino (später das »Deutsche Haus« genannt) am Graben, und von dort aus bemühten sie sich redlich, soviele Dissonanzen wie möglich in die durchaus harmonischen tschechisch-deutschen Beziehungen zu mischen. Sie brauchten Prag: Denn die Streitereien und Krawalle waren von dort aus viel besser zu hören als etwa aus Eger. Doch die Stadt galt ihnen nichts. Denn indem sie gegen Ende des Jahrhunderts in Wien die »geschlossenen deutschen Gebiete« durchsetzten, in denen die Tschechen praktisch keinerlei Rechte besessen hätten, machten sie deutlich, daß sie bereit waren, Prag leichten Herzens zu opfern.

Und dann gab es noch das studentische Element, das unruhigste, streitsüchtigste. Diese Politiker und Studenten, die eigentlich nur zum Übernachten nach Prag kamen, verursachten den größten Aufruhr. Auszubaden hatten dies die deutschen Altsiedler.

Die eingesessenen Prager deutscher Sprache, Deutsche und Juden, lebten alle in der Alt- und in der Neustadt. »Wer keinen Titel hatte und nicht reich war, gehörte nicht dazu« (Kisch).

Hier und da wohnte dort noch ein besserer Kaufmann, nur vereinzelt Dienstpersonal, dagegen zahlreiche Intellektuelle: Journalisten, Schriftsteller, Redakteure, Musiker, Theaterleute. Bemerkenswerte Geister gab es hier – genug für eine lebendige und kulturell erwachende Großstadt.

Die Prager Deutschen waren nicht sehr nationalbewußt, und sie pflegten ihre Kontakte mit den Tschechen ohne Vorurteile. Doch wurde dieses offene Miteinander im Laufe der letzten Jahrzehnte des Säkulums immer weniger salonfähig. Die offensten Geister betätigten sich als Vermittler. Max Brod zum Beispiel bewies seine vorurteilslose Klarsichtigkeit, als er für die Tschechen und dann für die ganze Welt den Komponisten Leoš Janáček entdeckte, ebenso für die Deutschen – und durch deren Vermittlung dann ebenfalls für alle Welt – Jaroslav Hašek, den Schöpfer des »braven Soldaten Schwejk« – und natürlich auch Franz Kafka. Außer der Klarsichtigkeit für Talente waren dazu aber auch gesellschaftliche Wendigkeit, gute Kontakte, Arbeitsamkeit und viel Geduld notwendig.

Deutsche und Juden hatten in Prag ihre Universität, eine Technische Hochschule, fünf Gymnasien und fünf Oberrealschulen, seit 1887 dann auch noch zwei »steinerne« Theater. Sie hatten große Vereinshäuser und ein sehr reges gesellschaftliches Leben. Ihr Haupttreffpunkt war das Café Kontinental. Im Café Central war das Milieu gemischt. Seine vorwiegend literarischen Besucher trafen sich später im berühmten Arco. Sie gaben zwei Tageszeitungen heraus, die morgens und abends erschienen. Die eine, das »Prager Tagblatt«, hatte ein hervorragendes Niveau und diente den besten tschechischen Journalisten als Vorbild, als sie ihre bis heute berühmte »Volkszeitung« (Lidové noviny) gründeten. Auch eine Reihe von deutschen Verlagen gab es in Prag. Diese intellektuelle Infrastruktur könnte für eine kaum zwanzigtausendköpfige Minderheit weit überdimensioniert erscheinen, doch sie war es nicht. Vom kulturellen Gesichtspunkt aus war das deutsche jüdische Prag ein kleines Wunder.

Porträt eines Offiziers der k. u. k. österreichisch-ungarischen Armee

Anfang der achtziger Jahre begannen sich die tschechisch-deutschen Beziehungen rapide zu verschlechtern. Einer der Gründe hierfür war der Aufstieg des wilhelminischen Kaisertums, das für einen nicht unwesentlichen Teil der böhmischen Deutschen – die sich noch lange nicht als Sudetendeutsche bezeichneten – zum Hoffnungsträger wurde. Damit ging eine Zeit zu Ende, die von allen Zeitzeugen übereinstimmend als Idylle geschildert wird.

Der äußere Vorwand für die Verschlechterung der Beziehungen waren die Streitigkeiten um die Universität und in diesem Zusammenhang Straßenschlachten zwischen Prager Tschechen und deutschen Burschenschaften. Diese Studentenkorporationen, für die es in der tschechischen Tradition keine Parallele gab, wirkten befremdlich und riefen besonders starke Ressentiments auf tschechischer Seite hervor.

Die Wiener Politik versagte vor der Aufgabe, die tschechisch-deutschen Streitigkeiten zur partikulären Zufriedenheit der einen oder der anderen Seite zu lösen. Die Tschechen fühlten sich nicht Herr im eigenen Hause, und die Deutschen waren es allmählich immer weniger. Seit der Niederlage bei Königgrätz und dem damit verbundenen Dualismus, also der Zweiteilung des Habsburgerreiches in ein österreichisches Kaiser- und ein ungarisches Königreich, verschlechterte sich die Lage Böhmens zusehends. Die Tschechen fühlten sich brüskiert, denn eine zugesagte und vorbereitete trialistische Lösung, das heißt mit einem Königreich Böhmen als drittem gleichberechtigtem Bestandteil einer föderativen Monarchie, stellte sich als Illusion heraus. Natürlich konnten sich die Tschechen mit dieser Situation nicht abfinden, und da sie in der großen Politik nicht genügend Gehör fanden, versuchten sie sich an der kleinen schadlos zu halten und zum Verdruß Wiens die Deutschen in die Ecke zu drängen, wo dies nur immer möglich war. Damit aber verliefen sich die großen Fragen der Politik im täglichen Kleinkram. Man zankte sich um Aufschriften, Tafeln, Formulare, die Besetzung subalterner Posten, und so entstand jener »Kleinkrieg«, der später so bezeichnend für die böhmischen Länder wurde. Diese Nadelstiche, dieses verzweifelte Ringen um Ergebnisse, die nur selten im Verhältnis zur aufgewandten Energie standen, verhalfen den radikalen Minderheiten beider Parteien nahezu automatisch zu einem weit überproportionalen Einfluß, an dem man schließlich nicht mehr vorbeigehen konnte. Die Gemäßigten auf beiden Seiten wurden langsam, aber sicher zur Seite gedrängt,

entsprechend diskriminiert. Die Tschechen etwa verhöhnten Versöhnungswillige als »Krumensammler« – obwohl die »Krumensammler« immer die politische Mehrheit bildeten.

Trotzdem wurde Prag in den ersten zehn Jahren dieses Jahrhunderts zu einer im ganzen stillen Stadt. Doch es ist die schwüle Ruhe vor dem Sturm, und die Empfindsamen fühlen es. Prag hat in seiner mehrfachen Abgeschlossenheit die moderne Entfremdung in mancher Hinsicht vorweggenommen, so daß hier in der Tat eine gewisse Endzeitstimmung heimisch war. Allerdings nicht nur in Prag. Diese morbiden Gefühle durchwehten auch die Wiener Luft, hingen über ganz Mitteleuropa, verbreiteten sich überall in den Grenzen jenes Reiches, das die künftige Kriegskatastrophe nicht überleben würde. Und sie verschonten auch Deutschland nicht, das sich von dieser Katastrophe etwas versprochen hatte, was Katastrophen nur äußerst selten mit sich bringen.
In diesem geistigen Umfeld wird der Expressionismus geboren, der so anational erscheint in jener Zeit des nationalen Überschwangs. Er nimmt Veränderungen vorweg, die vor nichts und niemandem Halt machen werden. Der europäische Mensch wird zukünftig der ständigen Bedrohung ausgesetzt sein, seine bisherige Selbsteinschätzung als eigenwertiges, charaktervolles Individuum aufgeben zu

Turnfest 1912 – die Sokolturner (sokol = slaw. »Falke« – seit ca. 1862 Name der tschechischen, polnischen und südslawischen Turnvereine mit paramilitärischem Charakter, Träger eines scharfen Nationalismus)

müssen. Die kollektivierenden Kräfte, die von Wissenschaft und Technik und den totalitären Machtapparaten der modernen Staaten freigesetzt werden, rauben ihm die Seele. Die tschechischen und deutschen Expressionisten in Prag haben dies schon sehr früh erkannt. Ihre Botschaft ist so gewichtig, daß sie am Vorabend des Krieges vergessen, daß sie Tschechen und Deutsche sind.

Anders verhält es sich jedoch mit dem »kleinen Mann« auf der Straße. Einen bizarren täglichen Kleinkrieg charakterisiert am besten ein Beispiel aus dem Sport: Der deutsche Fußballclub DFC ist den tschechischen Klubs, Sparta und Slávia, nie auf dem Rasen begegnet. Trotzdem wurden diese Vereine ständig aneinander gemessen: In sehr komplizierten Rechnungen wurde nach den Ergebnissen, die sie gegen dritte Mannschaften erzielt hatten, ihre »Papierform« festgestellt und miteinander verglichen. Aus diesen Vorgaben schloß man dann auf den Ausgang eines realen Kräftemessens auf dem grünen Rasen. Diese kuriosen Planspiele hatten hohen Prestigewert und wurden über zwei Jahrzehnte mit Leidenschaft betrieben. Die Sportjournalisten und Sportfans (und sicher auch die Nationalisten auf beiden Seiten) konnten darüber stundenlang leidenschaftlich debattieren, doch niemandem schien dabei in den Sinn zu kommen, die beiden Mannschaften auch auf dem Spielfeld gegeneinander antreten zu lassen. Der erste Klub, der diese absurde Tradition durchbrach, war der weithin jüdisch geprägte Studentenklub Sturm – mit E. E. Kisch auf dem linken Flügel.

Dann kam der Krieg. Er hat den Prager Modus vivendi dramatisch aus dem Gleis geworfen. Die Deutschen glaubten, der sicher erwartete Sieg würde für sie alles zum Besseren wenden, und so wurden sogar aus österreichisch denkenden biederen Bürgern großdeutsche Hitzköpfe. Zahllose Juden dienten unter den österreichischen Fahnen als tapfere Soldaten, viele erwiesen sich als Helden. Im Jahre 1917, als offenbar wurde, daß der Krieg auch ganz anders als erwartet ausgehen könnte, begann unter den Prager Deutschen und insbesondere unter den Juden Panik auszubrechen. Man fürchtete, es könne nach einer Niederlage zu einer Art generellem Pogrom kommen.
Diese Furcht war nicht unbegründet. Die sogenannten »Hungerkrawalle«, aus der Not des Zusammenbruchs entstanden, richteten sich vorwiegend, wenn nicht ausschließlich, gegen die deutsch-jüdischen Geschäftsleute. Er begann auf dem Lande und sprang am 1. Dezember 1918 auch auf Prag über. »Hängt die Juden«, grölte der Mob.
In der Zeit der mühsamen Stabilisierung des neuen tschechoslowakischen

Thomas Garrigue Masaryk – 1926

Staates war es für dessen tragende Kräfte um Masaryk fast unmöglich, den Deutsch-Juden gegenüber eine so ausgewogene Politik einzuschlagen, wie sie diese ansonsten vertreten haben. So kam es im November 1920 zu einer wochenlangen Judenhetze in Prag. Der radikale tschechische Pöbel stürmte das Jüdische Rathaus, die Thora-Rollen wurden auf der Straße zertrampelt, und eine Zeitlang sah es so aus, als ob man sogar die jüdischen Wohnungen stürmen wollte.
Die Rädelsführer des Pöbels kamen damals – seltsamerweise – sowohl von links als auch von rechts. Die linken

Sozialdemokraten, auf dem Weg zur Gründung der Kommunistischen Partei, sahen in den Ausschreitungen des Mobs den Ausbruch des lang ersehnten Klassenkampfs, die Bürgerlichen wiederum denunzierten wiederholt die Juden als die eigentlichen Drahtzieher der Roten Gefahr. Trotzdem verständigte sich das deutsch-jüdische Prag mit seinem tschechischen Gegenpart ziemlich schnell und äußerst erfolgreich.

Für den neuen Staat waren es nun die Sudetendeutschen – wie der Begriff »Tschechoslowakei« eine neue und wenig glückliche Wortschöpfung –, die zum Problem wurden. Das angeschlagene nationale Selbstwertgefühl und fast unmittelbar darauf die elementaren Existenzängste machten aus den Prager Deutschen eine unauffällige Population. Sie zogen sich noch mehr auf sich selbst zurück, verfielen auf ihre Weise in Resignation, entwickelten auf diese Weise zugleich Abwehrkräfte gegen die politische Verirrung ihrer Zeit. Auf Hitler und den Nazismus fielen sie nicht mehr herein, – obwohl dessen Aufstieg auch für sie der Anfang vom Ende war, doch dies ist bereits ein Vorgriff auf spätere Ereignisse.

Die Entstehung des tschechoslowakischen Staates war für die drei Millionen starke deutsche »Minderheit« (die größte in Europa) eine bittere Pille. Offenen Widerstand gegen den Willen der Sieger leisteten jedoch nur die Sudetendeutschen, nicht die Prager Deutschen. Fast gleichzeitig mit der Verkündigung des tschechoslowakischen Staates erklärten vier Provinzen ihre Unabhängigkeit und die Absicht, in ein Bündnis mit dem neu gebildeten österreichischen Staat einzutreten. Unter geopolitischen Aspekten waren das ziemlich absurde Gebilde, die in ihrer Form einem Wurstring um Böhmen und Mähren glichen.

Die dort lebenden Deutschen beriefen sich auf das gleiche Recht zur Selbstbestimmung, auf dessen Grundlage die Tschechoslowakische Republik entstanden war. Sie lehnten es ab, die schlichte Tatsache zur Kenntnis zu nehmen, daß die neuen Staaten als Ergebnis eines Krieges entstanden waren, in dem sie auf der Verliererseite gestanden hatten und daß aus eben diesem Grund auch das von den Siegern beschworene erhabene Recht auf Selbstbestimmung von den »Friedensschöpfern« in Paris in höchst unterschiedlicher Weise gehandhabt wurde. Im übrigen hätte auch die konsequente Anwendung dieses Rechts in Mitteleuropa zu Absurditäten führen müssen. So wurden die Deutschen also gegen ihren Willen in den neuen Staat der Tschechen und Slowaken hineingezogen. Die tschechische Armee, in Wirklichkeit bewaffnete Zivilisten, vorwiegend Mitglieder des Turnvereins Sokol, mußte also das Sudetenland besetzen, und obwohl dies eher ein symbolischer Akt war, gab es dabei einige Tote. In Prag hingegen herrschte Ruhe.

Die Mehrheit der tschechoslowakischen Öffentlichkeit wünschte zwar die Teilnahme der Deutschen an Aufbau und Verwaltung des neuen Staates, aber trotzdem sollte dieser kein Nationalitäten-, sondern ein Nationalstaat sein, wie auch der Präsident der Republik Thomas G. Masaryk unmißverständlich deutlich machte.

Durch den anfänglichen deutschen Widerstand bestärkt, fühlten sich die Tschechen berechtigt, eine Verfassung zu schaffen, die ohne die tatsächliche *absolute* Mehrheit der Bevölkerung – wie es bei Verfassungen üblich sein sollte – zustande kam, und die Deutschen erst nach vollendeten Tatsachen zur Mitarbeit an der Regierung, das heißt zum Parlament, zuzulassen. Daher fanden die Wahlen in der Tschechoslowakei auch zu einem sehr späten Zeitpunkt statt. Die Deutschen zogen mit offen zur Schau getragenem und lauthals bekundetem Widerwillen ins Parlament ein, womit sie im Grunde dem tschechoslowakischen Staat den Krieg erklärten. Erst im Jahre 1926, in einer Zeit wirtschaftlicher Blüte, treten die Deutschen in die Regierung ein – das »Hemd« des Wohlstands war ihnen letztlich doch näher als der »Rock« des Nationalismus. Bezeichnend war, daß sich die Aktivisten, das heißt diejenigen, die bereit waren, Ministerposten in der tschechoslowakischen Regierung zu übernehmen, überwiegend aus den Prager Deutschen, den Professoren der Prager Universität rekrutierten. Die Kooperationsbereitschaft der sudetendeutschen Politiker war stets merklich geringer, ihre Haltung zum Staat unversöhnlicher, und das auch in der Zeit, in der sich die Zusammenarbeit vielversprechend entwickelte.

Mit dem Ausbruch der Weltwirtschaftskrise begann sich die Lage unaufhaltsam zu verschlechtern. Die Krise verschlechterte dramatisch die Exportmöglichkeiten der tschechoslowakischen Wirtschaft, und die Wirtschaftsstruktur des Landes brachte es mit sich, daß die Gebiete der Leichtindustrie in den Sudetengebieten davon weit schwerer getroffen wurden als das Inland. Dem deutschen Arbeiter ging es ganz einfach schlechter als dem tschechischen. Das trug – zusammen mit den Fanfarentönen der aufstrebenden Nazibewegung –, zur Radikalisierung der deutschen Minderheit bei. Die Sudetendeutschen bewegten sich allmählich auf politische Positionen zu, die im Grundsatz unvereinbar waren mit der Existenz der tschechoslowakischen Republik.

Dezember 1918 – Thomas Garrigue Masaryk ▷ kehrt aus dem Exil in seine Heimat zurück – Mitglieder der Sokol reiten voran

DIE TSCHECHEN

Böhmen ist ein Land der Begegnungen. Alle dramatischen Ereignisse Europas haben es irgendwie berührt. Durch Prag sind viele Kulturen gegangen, doch nichts, was hier geblieben ist und heute sein Erbe bildet, ist nur Kopie. Prag hat allen äußeren Einflüssen seinen eigenen Stempel aufgedrückt. »Und das größte Paradox: der geistige Ausdruck und das materielle Schaffen der Italiener, Spanier und Deutschen wurde der höheren Wirklichkeit untergeordnet, wie es die historische Einheit der Stadt Prag ist – und die gehört uns, den Tschechen.« (Arne Novák, patriotisch gestimmter Literaturkritiker).

Ja, Prag gehört uns, den Tschechen. Heute gehört es uns vollständig, und nach dem Mythos, jener vereinfachten Version der Landesgeschichte, die wir uns zum Trost in bösen Zeiten zusammengestrickt haben, war das schon seit eh und je so. Das Land bewohnten Slawen, friedfertig wie Tauben. Erst dann kamen die Germanen, herrschsüchtig und hochmütig. Wir kämpften gegen sie. Und wie! Die Hussitenkriege waren der Höhepunkt unserer Geschichte, die Zeit unseres größten Ruhms. Tragödien waren die Schlacht bei Lipany (1436), wo wir leider selbst gegen die heimische Reaktion verloren, dann die Schlacht am Weißen Berg (1620), und damit der Dreißigjährige Krieg und der Sieg des Bösen. Die Habsburger festigten ihre Macht und leiteten die Germanisierung sein. Doch wir gaben im Herzen nie auf, und mit Hilfe der Wiedererwecker und durch ehrliche Kleinarbeit erreichten wir unsere Ziele. Wir halten uns für erwählt unter den Völkern. Auf unserer Seite steht der Fortschritt.

Diesen im 19. Jahrhundert entstandenen Mythos übernahmen auch kommunistische Historiker. Ja, noch heute glauben manche von uns, das Bessere werde von ganz allein kommen, und sie suchen in unserem Sagenschatz nach jenen urtschechischen Rittern, die kommen werden, wie uns verheißen ist, sollte einmal wirklich etwas schief gehen. Andererseits sind wir uns so sicher nicht, analysieren uns selbst und suchen leidenschaftlich unsere Fehler. Wir brachten es zu einer Art national-analytischen Manie. Doch man ändert nichts, wenn man die Ereignisse nur diskutiert.

1918 – Blumen an der Stelle, an der die böhmischen Standesherren (Blutgericht vom 21. Juni 1621) hingerichtet wurden

Der tschechische Philosoph Emanuel Rádl analysierte einst unser neuzeitliches Hin und Her so: »Unserem tschechischen Gemüt fehlt die ritterliche Komponente, die individualistische und ethische Auffassung von Patriotismus. Es ist unserer Weltanschauung fremd, Patriotismus mit dem Glauben zu verbinden, es sei notwendig, auf der Welt Gerechtigkeit zu verwirklichen. Wir berufen uns zur Begründung des Patriotismus lieber auf den Gedanken Herders, wonach nicht die innere Überzeugung, sondern eine objektiv gegebene »Nation« und deren Instinkte den Unterschied zu anderen Nationen machen. Ein übertriebener Absolutismus und mangelndes Interesse für die Kulturbedürfnisse des Volkes bewirkten, daß sich bei uns das Bewußtsein der Staatsgemeinschaft nicht ausbilden konnte, das alle verschiedenartigen Elemente des Landes vereinigt, das den Staat selbst zum Ideal werden läßt, zur Aufgabe, in deren Dienst jeder seine persönlichen und Stammeseigenschaften stellt...«

Der Gegensatz zwischen uns und den Deutschen hat nie zuvor einen so katastrophalen Höhepunkt gefunden wie in diesem Jahrhundert. Dabei hatten die Deutschen während der ganzen Zeit einen direkten und positiven kulturellen, ökonomischen und politischen Einfluß auf uns. Das Deutsche war für uns das Fenster zur Welt. Und auch unsere beiden stärksten Ideologien, die Romantik und der Sozialismus, stammen aus Deutschland.

Dabei war unser Verhältnis zueinander noch im 19. Jahrhundert einigermaßen in Ordnung, als der Politiker Rieger das Recht der Deutschen auf Gleichberechtigung verteidigte:

»Unser Grundsatz ist der Grundsatz der nationalen Gleichberechtigung«, erklärte er, »den wir im Jahre 1848 als erste ausgesprochen und den wir bislang unabänderlich vertreten haben... So und nur so wird der Zusammenhalt der uns und unseren deutschen Landsleuten gemeinsamen Heimat erhalten. Denn ihre Verdienste und ihre Leiden flossen mit unseren zusammen im gemeinsamen Namen Böhmen, und Gott möge es bewirken, daß wir uns zu einer trostreicheren Zukunft zusammenfinden werden, ohne die landsmännische Eintracht in

diesem böhmischen Lande zu bedrohen.«

Nicht schlecht in Anbetracht dessen, was eintrat, jedoch illusionär. Man grenzte sich eher voneinander ab. Bald würde »deutsch« wieder »stumm« heißen – fremd, heimat- und rechtlos.

Und jüdisch? »Fremd« und »deutsch« noch dazu! Wie kam das? Das jüdische Element im Lande reicht doch ein Jahrtausend zurück! Aber sie hatten es nie leicht mit uns, die Juden. Schon 1050 berichtet die Chronik, daß die Christen die Juden aus dem Gebiet unterhalb der Prager Burg vertrieben hätten, weil die Juden ihre Kinder stählen.

Das Blutbad, das unsere Vorfahren im 14. Jahrhundert im Prager Ghetto anrichteten, wird noch heute in einer Elegie beklagt. Der König nämlich hatte das Judenviertel als mit vielen Rechten ausgestattete Gemeinde gegründet, innerhalb derer die Juden freier waren als die Tschechen jenseits der Mauer. Darüber hinaus waren sie unbeliebt, weil sie unternehmungslustiger waren und nicht städtischem, sondern königlichem Recht unterlagen.

Erst der Aufklärer Josef II. hat die Juden von dem schmählichen gelben Rad befreit, das sie tragen mußten. Er wollte sie der neuzeitlichen Ordnung unterstellen, um ihre Kreativität zu nutzen. Diese neue Staatsordnung war eher aus praktischen als aus nationa-

Hochzeitsfoto Prager Juden

Eine Prager jüdische Familie im Fotoatelier

len Gründen deutsch, und so geschah es, daß die Juden meist deutsche Nachnamen annahmen und deutsche Schulen besuchten. Sie taten es nicht ungern, denn sie waren dem Kaiser – und dies durchaus zu Recht – dankbar.

Zu der alten, religiösen Barriere kam jedoch eine weitere. Auch die Schulordnung wurde erneuert, höhere Bildung gab es nur auf deutsch, und somit auch die Möglichkeiten des beruflichen Aufstiegs, was die Tschechen selbstverständlich erboste. Sie mochten diesen Staat nicht und zogen sich ihm gegenüber für lange Zeit auf eine Art konservativ-oppositionelle Position zurück. Ihre Abneigung richtete sich nunmehr auch gegen die Juden, die sich mit den in ihren Augen mächtigeren Deutschen *gegen* sie verbunden hatten.

Die Aufklärung wurde von ihnen mit sehr gemischten Gefühlen betrachtet, obwohl sie auch den böhmischen Bauernstand befreite, dem die Masse der tschechischen Bevölkerung angehörte. Das bäuerliche Mißtrauen jeder Staatsgewalt gegenüber, die mürrische Distanz zur Aristrokratie, die ja nur zu sehr kleinen Teilen aus einheimischen Familien bestand, da die meisten Adelsgeschlechter erst nach dem Desaster des Dreißigjährigen

Krieges ins Land gekommen waren, der Hang zur Duldsamkeit statt zum Widerstand haben die Tschechen seitdem nie ganz verlassen und haben ihrem Nationalismus spezifische Züge verliehen.

Die Westslawen reihten sich einst in das germanisch-römische Europa ein – nicht nur aufgrund ihrer geographischen Lage, sondern ganz bewußt. Zur Grundlage ihrer Kultur wurde so die römische *Justitia* und die christliche *Caritas*, und sie verharrten auf dem Boden des römischen Rechtsbewußtseins und der christlichen Barmherzigkeit.

Das Wesen der zweiten westslawischen Blüte des Tschechentums läßt sich nicht in eine Formel fassen. Man sagte den Tschechen nach, sie seien so etwas wie die Japaner unter den Slawen; nüchtern flink, gewandte Verwerter fremder Entdeckungen, Menschen mit Deduktions- und Kombinationsgabe.

Charles Rivet (1919) schreibt:
»Ein äußerst individualistisches Volk, gegen das Prinzip der Autorität eingestellt, insbesondere die eigene; die Demokratie der Slawen, die Anarchie der Träumer; das Gefühl einfach, bäuerlich; ein wenig Mystik und Religiosität; unbeständig, ausweichend, wandelbar; wenig Spürsinn für individuelle Verantwortung, Menschen des ersten Impulses, von einem Extrem ins andere; keine Geradlinigkeit in den

Taten; mißtrauisch. Am ehesten verbessert sind bei den Tschechen die negativen Fragen der Rasse durch westliche Erziehung und empfindlichen Patriotismus. Die Deutschen haben sie gelehrt, weniger unpraktisch, ruhiger, nachdenklicher zu sein.«
Oder Peisker (ein Tscheche) meint 1929:
»Als Erbe der Avarobulgaren sind eine Menge türkischer Typen in Böhmen geblieben: sehr sinnlich, starke Esser, schwache Trinker, von Fett durchwachsene Menschen. Die Freisassen waren reinrassige Nachfahren der skandinavischen Wikinger (Přemysl), also normannisches Blut. Der slawische Charakter ließe sich aus den »Sumpf«-menschen der Pripet-Sümpfe aufbauen: Feindschaft unter den Nächsten, Zuneigung nur zur Familie; Staats- und Regierungslosigkeit; Zärtlichkeit und Phantasie; wenig kämpferisch, eher scheu; ein nüchternes, abgehärtetes Volk, das in den Ebenen alles verschlungen hat; in den Sümpfen bloße Verteidigung, Ausfälle auf rein hanakische (ein mährischer Slawenstamm) Weise: »Niemand da? Auf sie mit Gebrüll! Jemand dort? Schnell zurück!« Keinerlei bürgerliche Tugenden; der Typ des Sklaven; keine Selbstdisziplin, Unbeständigkeit, Unbedachtsamkeit, Erregbarkeit usw.!«
Und Mahen – wieder ein Tscheche – stellt fest: »Durch Dickköpfigkeit vertreiben wir die besten Leute. Tief in uns ist ein destruktiver Trieb. Faul-

heit – tschechische Zeitungen können nicht auf Fragen antworten und bestehen hauptsächlich aus Hetzartikeln... Langsame Bewegungen – selbst Bismarck war uns zu nichts nütze!... Entweder Hamlets oder Don Quichottes.«

Dieser wenig schmeichelhaften Kritik könnte man vielleicht hinzufügen, daß wir Tschechen auch über uns selbst lachen können. Es sollte aber vielleicht manchmal ein bitteres Lachen sein.

Wir haben uns schließlich selbst so lange vorgesagt, wir wären die Schwächeren, die Zukurzgekommenen und die stets ihrer Rechte Beraubten, daß wir uns über die Schläge, die wir dabei – nicht unabsichtlich und nicht unbewußt – an andere ausgeteilt haben, gar nicht mehr im klaren sind. Der antideutsche Affekt dabei war so unversöhnlich und so eingefahren, daß (ein nicht unbedeutender tschechischer Professor) noch im Jahr 1947, als er das völlig zertrümmerte Deutschland feierte, Betrachtungen darüber anstellte, wie es möglich wäre, einige Züge im deutschen Volkscharakter so zu »verändern«, daß sich dieses Volk nie mehr vom Boden erheben würde: »Den energischen Maßnahmen Hitlers reichten sechs bis zwölf Jahre, die Deutschen zu fanatisieren, in weiteren sechs bis zwölf Jahren könnte also eine Erziehung in umgekehrter Richtung möglich sein.«

Die Rezepte zur Umerziehung, wie sie Chalupný hier vorlegt, stehen nicht hinter ähnlichen Texten nationalsozialistischer Provenienz zurück.

Auch unsere Literatur, besser gesagt deren national-erzieherischer, also überwiegender – wenngleich nicht besserer – Teil, benutzte schwarzweiße Schablonen. Der Deutsche war stets der böse Adler im weiten Meer von tschechischen Tauben.

Mit den Juden sind wir nicht besser umgegangen. Einige von uns sind zwar der Ansicht, daß uns ein gemeinsames Schicksal verbindet – die Klage über die verlorene Heimat, die Orientierung an einer ruhmvollen Vergangenheit, der nationale Mythos, das Gefühl der Auserwähltheit, die Waffen des Geistes anstelle militärischer Waffen – aber diesen Gedanken lehnte schon der Begründer des modernen tschechischen Journalismus, Havliček, vollständig ab. Auf Hердersche Art stellte er einfach fest, daß die Juden Semiten seien und beim besten Willen nicht zu Slawen werden könnten. Wo immer sie in der Welt leben – sie halten zusammen, getrennt von den anderen, und dieser Zusammenhalt ist stärker als die Bindung an das jeweilige Land, in dem sie leben. Havliček war Liberaler und verband die »rassische« Ablehnung der Juden nicht mit politischer Diskriminierung. Dagegen hat ein anderer – unser bedeutender und in jedem Lesebuch vertretener Dichter Neruda (der Verfasser der Kleinseitner Geschichten) – ein Pamphlet veröffentlicht, in dem er die Juden außer der Deutschtümelei auch der Sehnsucht nach Weltherrschaft bezichtigte und somit die tschechische spätliberalistische Publizistik mit einem endemischen Antisemitismus belastete, der bis heute seine Spuren hinterließ. Ähnlich wie in einem Teil seines dichterischen Werks festigte er den aus der Zeit der Wiedererweckung stammenden Ruf unserer Literaten, sie sorgten sich weniger um Literatur als um außerliterarische Ziele und Zwecke und beschäftigten sich dabei in zu großem Maße agitatorisch und oberflächlich mit partiellen Problemen, ohne zum Allgemein-Menschlichen vorzudringen. Sie moralisierten. Auch sie, die Juden, tauchen darin häufig nur als Karikaturen gieriger Händler, mächtiger Ausbeuter, auf.

Noch der sozialkritische und besonders geschätzte Bezruč – Autor der Schlesischen Lieder – stellte die Juden nur als Bergwerksbesitzer dar, immer bereit, ihren Beitrag zum Verderben des Tschechentums zu leisten. Und ähnlich wie bei der Schilderung der Deutschen trug auch hier die Heimatliteratur das auf höherer Ebene Erworbene »aufklärerisch« ins Volk.

Auch unter den Historikern gab es nicht viele, die die Geschichte Böhmens im ganzen untersuchten und

für die der »Dienst am Volke« – falls sie überhaupt aus diesem Wortschatz schöpften – auch bittere Wahrheiten beinhaltete.

In einer Vorlesung sprach einer von ihnen – Josef Pekař – von zwei großen geistigen Epochen, die über uns entschieden haben sollen: über die gotische und romantische. Der tschechische Geist habe sich in diesen Zeiten machtvoll erhoben. Und beiden seien materialistische Epochen vorausgegangen und gefolgt. Nach dem Scheitern der Romantik auf den Schlachtfeldern des Ersten Weltkriegs scheint eine materialistische Periode zu beginnen, und zwar in einem Augenblick, in dem die natürlichen Ressourcen, die Voraussetzung jeden materiellen Reichtums sind, in schon damals (!) absehbarer Zukunft verbraucht sein werden. Falls unsere Kultur nicht in einer Katastrophe untergehen soll, müssen wir schnellstens umdenken. Soweit Pekař – nicht unprophetisch, wie wir heute längst wissen. Wie kam es aber – und das ist unser Anliegen an dieser Stelle –, daß die Romantik – und mehr noch das Biedermeier als dessen abgeschwächte Form, quasi als »Verstandesromantik« – auf uns einen so mächtigen Einfluß hatte? Am ehesten wohl, weil sie auf starke Gefühle wie Liebe und Leidenschaft begründet ist. Wie die Liebe erneuerte sie die Lebenskraft und -lust, und so weckte sie bislang nicht erkannte Kräfte. Leider mitunter auch die dunklen.

Die tschechische (Biedermeier-) Romantik hat in der Tat eine eigene Färbung. Denn in dieser Epoche zwang die Nation, die sich von unten formte, ihre dünne Intelligenzschicht, sich nolens volens dem vorhandenen Niveau anzupassen. Wir ließen es uns dann damals gern im Bewährten wohl sein. Es ging darum, »horizontal« zu überleben – die Vertikale ertrugen wir schlecht. Der Dichter Mácha, der wahre Romantiker, paßte nicht in die heimatlichen Felder und Fluren. Sein Dualismus war geradezu anstößig. Die Widersprüche Leben und Tod, Nacht und Tag paßten nicht in diese heile Welt. Das Entweder – Oder lieben wir bis heute nicht.

Unsere Romantik tendierte zum Happyend und zum Märchen – wohl deshalb wurde B. Němcová mit ihrer romantischen Idylle »Großmutter«, wo alles voller Güte und Liebe ist und zum Schluß das Gute siegt, zur Schriftstellerin der Nation.

Die tschechische Romantik ist vom Biedermeier bestimmt. In dieser »Wahlverwandtschaft« dauerte sie bis tief in die zweite Hälfte des 19. Jahrhunderts, und mancherorts überwintert sie bis in unsere Tage.

Nach 1870 begannen die Tschechen vom Lande nach Prag zu strömen. Die sich stürmisch entwickelnde Industrie bot Arbeit und ein bescheidenes Auskommen. Bis in die neunziger Jahre wurden für die Zuwanderer zumeist die sogenannten »Pawlatsch-Häuser« gebaut. Von diesen offenen Gängen, die in den einzelnen Stockwerken in der Regel entlang der zum Hof gerichteten Außenwand geführt wurden, gelangte man in die Appartements, die meist zwar nur ein, dafür aber ziemlich großes Zimmer hatten.

Die Pawlatschen ersetzten den Dorfplatz. Dort gab es ein oder zwei gemeinsame Toiletten, auf dem Hof die Wasserpumpe. Später wurden auch Wasserleitungen gelegt, so daß noch ein Ausguß hinzukam. »Pawlatsch« wurde so zum Synonym für den tschechischen Lebensstil. In den neunziger Jahren entwickelte sich die Stadt jedoch weiter, da sie für die Repräsentation des Tschechentums und seine kulturelle Reifung aus Wien erhebliche Summen zur Verfügung gestellt bekam. Zum Beispiel für die Jubiläumsausstellung des Königreichs Böhmen (1891). Die Deutschen hatten die Teilnahme abgesagt, so daß sich das ganze Unternehmen in eine »Parade tschechischer Köpfe und Hände« verwandeln konnte.

In diesem Zusammenhang entstand auch das erste wirklich neue Gebäude in Böhmen: der Ausstellungspalast. Ingenieur Pospíšil experimentierte mit kühnen Eisenkonstruktionen und verband sie mit Glasfüllungen, um die Tradition der böhmischen Glasindustrie angemessen zu betonen. Der Bau wirkt bis heute leicht, luftig und elegant.

Im Jahre 1895 fand hier ein anderes Ereignis statt: eine Ausstellung der Volkskunde. Da die Tschechen ihre Schlösser verloren hatten, begannen sie sich mit nie dagewesener Intensität dem Dorf zu widmen. Es kam in Mode, aufs Land zu fahren, dort Textilien und Keramik einzukaufen, Volkslieder wurden gesammelt, vergessenes Brauchtum erneut eingeführt. Man hielt das Ländliche für eine Art Reservoir des reinen Tschechentums, und vielleicht war es das ja auch. Alle besseren Haushalte waren mit rustikalen Stickereien geschmückt, die Damen trugen sie an den Kleidern. In der Stadt suchte man das »einfache Leben« auf dem Land zu imitieren. Es wurden Volksfeste abgehalten, an denen vor allem bürgerliche Kreise in Volkstrachten teilnahmen, die sie sich in exklusiven Schneiderwerkstätten anfertigen ließen.

Diese »Yuppies« des 19. Jahrhunderts waren überhaupt tatkräftige Leute. Im Jahre 1891 brachten sie den Kaiser dazu, ein Gesetz zu unterschreiben, in dem der Stadt auferlegt wurde, die »gesundheitsschädlichen« Viertel zu »sanieren«. Dabei handelte es sich um das Ghetto, um Randgebiete der Altstadt, einiges von der Kleinseite, der Burg und Podskalí, den Sitz der Flößer unter dem Vyšehrad. Die Söhne der Handwerker und Gewerbetreibenden waren schon Unternehmer, Besitzer von Häusern, großen Werkstätten und Kaufhäusern. (Das galt auch für die Juden). Weg mit dem Mief der Vergangenheit hieß die Parole. Mietshäuser, Banken und Geschäfte sollten das Straßenbild prägen.

Die gesamte kulturbewußte Öffentlichkeit schrie auf, um das alte Prag zu retten, doch es gelang ihr schließlich nur, den Stadtrat zu stürzen und die Einheit der Altstadt und der Kleinseite zu bewahren. Zum Glück jedoch hatten unsere Vorfahren noch immer nicht so viel Geld wie in Wien oder Paris.

In dieser Zeit dringt auch mit nur mäßiger Verspätung der letzte große Stil Europas nach Prag: der Jugendstil. Er kommt hauptsächlich an den Mietshäusern der Wohlhabenden zur Geltung. Am häufigsten sind Zweig- und Fruchtmotive vertreten, doch es taucht auch das weibliche Maskaron oder historische Gestalten auf und aus den Aufschriften spricht das patriotische Denken der Zeit.

Prag wächst, und wiederum greift der Genius loci ein, prägt auch dem Jugendstil eine Prager Gestalt auf. Die Maler gehen nach Paris, die Architekten nach Wien. Sie lernten dort, daß die Architektur nicht von ihrer schmückenden Funktion bestimmt wird, sondern durch die Ausdrucksform, den Zweck und die technische Konstruktion des Bauwerks, das einen Raum im Raum schafft. Von Studien bei Otto Wagner kehrt der junge und begabte Architekt Jan Kotěra auf die Kunstgewerbeschule in Prag zurück. Kotěra begriff die Architektur als »Gesamtwerk«, und er realisierte seine Ansicht in dem schönen Peterka-Haus am Wenzelsplatz – bis heute beispielhaft für die Prager »Sezession«.

In gleicher Weise vorbildlich hat die Prager Kunstgewerbeschule gearbeitet. Sie wurde zusammen mit den keramischen Schulen, den Glas-, Steinmetz- und Schmuckschulen bald berühmt in ganz Böhmen. Der neue Stil wurde auf alles übertragen. Maler, Bildhauer, Architekten und bildende Künstler schufen Häuser, Vasen, Schmuck, Möbel, Kleider – und Bücher, die uns heute als wahre Schätze vorkommen und deren Menge und Qualität erstaunlich sind.

Wie schnell und qualitativ hochwertig damals gebaut wurde, und wie man die Mittel dazu gewinnen konnte, schildert diese kleine Geschichte. Im Jahre 1889 sandte der tschechische Wanderklub einen Sonderzug mit 363 Teilnehmern zur Weltausstellung in Paris. Allen gefiel der Eiffelturm sehr, und sie entschlossen sich, in Prag ebenfalls so etwas zu bauen. Auf dem Ausflug sammelten sie an die tausend Gulden; die erste Einlage. Der Prager Turm sollte auf dem Laurenziberg stehen. Wer aber würde zu Fuß auf so einen Berg steigen? So wurde also gleich auch eine Seilbahn geplant. Der Bau wurde am

3. Februar 1891 begonnen und am 25. Juli 1891 fertiggestellt. Es war die längste Seilbahn in Österreich, technisch bemerkenswert – und schön.

Eine solche Leistung ist unter heutigen Verhältnissen unvorstellbar! Und doch waren unsere Vorfahren für gewöhnlich damit unzufrieden. Sie ärgerten sich darüber, daß der Aussichtsturm nicht von der Ferdinand-, heute Nationalstraße aus zu sehen war, denn das war ihre geliebte Promenade.

Mit dem Ersten Weltkrieg fand die Zeit des Jugendstils ihren endgültigen Abschluß, und es scheint uns heute, es war das Ende des Stils überhaupt.

Unsere Großväter kämpften in der österreichisch-ungarischen Armee, doch es war nicht die ihre. Sie sahen keinen Sinn darin, für einen Staat zu bluten, dessen Sieg ihnen all das zu nehmen drohte, was sie sich so schwer erkämpft hatten. Manche organisierten sich im Widerstand, um in den Überläuferlegionen an der russischen, italienischen und französischen Front auf der Seite der Sieger zu stehen und so mit ihnen (oder durch sie) auch endlich die staatliche Selbständigkeit zu erhalten.

Die Mehrheit der tschechischen Krieger ist jedoch in Hašeks Roman über »Die Abenteuer des braven Soldaten Schwejk« sehr zutreffend beschrieben. Zu Hause nämlich kämpften wir wieder an der geistigen Front, weinten bei der Aufführung der nationalen Oper Libuše von Friedrich Smetana, in der uns diese Slawen-Walküre versichert, daß »das tschechische Volk niemals untergeht«, und gingen nach dem Jahre 1968 wieder in den inneren Widerstand, der sich z. B. darin äußerte, daß im Russischunterricht an den Schulen vor allem russische Texte ausgewählt wurden, in denen fast jeder Satz als Protest gegen die sowjetische Tyrannei gedeutet werden konnte.

Immerhin hatte doch schon siebzig Jahre zuvor Schillers »Wallenstein« niemals auf dem Lektüreplan gefehlt, da der Dichter in diesem Stück seinen Protagonisten die kühnen Worte sprechen läßt:

»Und dieses böhmsche Land, um das wir fechten
Das hat kein Herz für seinen Herrn, den ihm
Der Waffen Glück, nicht eigne Wahl gegeben.
Mit Murren trägts des Glaubens Tyrannei,
Die Macht hats eingeschreckt, beruhigt nicht
Ein glühend, rachvoll Angedenken lebt
Der Greuel, die geschahn auf diesem Boden.
Und kann der Sohn vergessen, daß der Vater
Mit Hunden in die Messe ward gehetzt?«

Mit der ersten Republik kam Prag zu kultureller Blüte. Es sollte den neuen Staat repräsentieren und dabei europäischen und globalen Maßstäben gerecht werden. Bis zu dieser Zeit war es eine, wenn auch wertvolle, Provinzstadt gewesen. Jetzt zogen Ministerien, Botschaften und Handelsmissionen hierher. Die Hauptstadt der Tschechoslowakei war die Operationsbasis für alle politischen Parteien und ihre Presseorgane. Sie erfüllte alle Bedingungen, um Wien und Budapest in den Schatten zu stellen, die vom Krieg und vom Zerfall der Monarchie geschwächt und demoralisiert waren.

Die tschechoslowakische Regierung unterstützte mit allen Kräften das Wachsen der Stadt und ihres öffentlichen Lebens. Die Bürger, voller Stolz auf ihren eigenen Staat, halfen mit Begeisterung.

Der erste Schritt zur Veränderung Prags war die Schaffung von Groß-Prag. Die meisten Vorstädte hatten bisher zu den umliegenden Landkreisen gehört. Am 1. Januar 1922 entstand auf diese Weise eine Großstadt mit 677 000 Einwohnern, die damit an elfter Stelle unter den europäischen Metropolen stand. Die Statistiken führen an, daß in Prag 94,2 Prozent Tschechen lebten, die übrigen waren Deutsche, zu denen auch die Juden gezählt wurden.

Rückkehr der Legionäre – 1919 ▷

Es wurde fröhlich gelebt. Mit dem Zerfall der Monarchie ging auch in Prag die Ära der Plüsch-Kabaretts und Bierhallen zu Ende. In kurzer Zeit eröffneten 93 Kinos. Die Stadt gewann an Weltläufigkeit. Streicher und Trompeten wurden von Saxophon und Jazztrompete abgelöst, statt Walzer und Polka spielte man Charleston und Shimmy. Bald gab es in Prag 210 Nachtlokale, davon nur 37 in der Altstadt.

Öffentlich gab sich der Großvater Staat prüde. Im Jahre 1922 wurden die Freudenhäuser gesetzlich verboten, die Damen zogen in die Bars, Weinstuben und Massagesalons um. Dafür aber traten neue, verführerische Ideologien auf den Plan: aus Rußland der Kommunismus, aus Deutschland und Italien der Faschismus – nicht ungefährlich für unsere Gemüter. Die Tschechen waren immer empfänglich für soziale Ideen und schon im neunzehnten Jahrhundert hatten sich diese mit nationalem Gedankengut verbunden.

»Die Ausnahmestellung des tschechischen Volkes« predigte der exkommunizierte Priester und Hegelianer Augustin Smetana in seiner deutsch geschriebenen Schrift. Die Slawen seien dazu ausersehen, die geschichtliche Entwicklung der Welt zu einem glücklichen Ende zu führen. Denn einzig sie seien noch dazu imstande, den »neuen Grundsatz der allmenschlichen Liebe« zu verwirklichen.

Doch die alten Phrasen sollten uns zum Verhängnis werden, genau so, wie das J. Patočka einst prägnant formuliert hatte:

»...Unsere Vergangenheit des 19. Jahrhunderts wurde uns während der ersten Republik in zweierlei Hinsicht zum Schicksal: zum ersten in der Fortsetzung des nicht revidierten sprachlichen Nationalismus und seiner Methoden des Kampfes, zum zweiten durch das Übersehen der einzigartigen historischen Chance, die sich anbot: der Chance, dem Tschechentum wieder eine wirklich große historische Aufgabe zu geben. Denn die Tschechoslowakei hätte als eine konsequent zu Ende gedachte Demokratie in Mitteleuropa eine würdige Rolle in der europäischen Krise spielen können, wenn sie diese Demokratie auch mit wirklicher Konsequenz verteidigt hätte. Sogar bei Mißerfolg und militärischer Katastrophe hätte sie moralische Energie für die Zukunft ansammeln können, die es ihr ermöglicht hätte, in späterer Zeit nicht zum bloßen Spielball in den Händen der Großmächte der Nachkriegszeit zu werden.«

HEISS UNTER LAUEN

Wenn Rilke irgendwo anmerkte, die »Insel ist eine Existenzweise«, so wußte er jedenfalls, wovon er sprach.

Sieben, sechs, dann nur noch fünf Prozent deutsche Prager waren umgeben von einer erstarkenden und immer selbstbewußteren tschechischen Mehrheit in einer Stadt, die inmitten des tschechischen Böhmen lag. Sie bildeten noch den Torso einer Sozialstruktur, wurden aber Jahr für Jahr von jungen deutschen Studenten überschwemmt, die aus dem böhmischen Grenz-, aus dem Sudetenland, nach Prag kamen. Zusammen mit den Gymnasiasten waren das Tausende, der größere Teil davon antitschechisch und antijüdisch gesinnt. Als »Berg-Deutsche« stammten sie aus Gegenden, in denen das tschechisch-deutsche Zusammenleben konfliktbeladen war, in denen um jede Schule, um jeden Verein, um jede Aufschrift gekämpft wurde, in denen aber die Tschechen ebenfalls langsam und unaufhaltsam Position um Position gewannen.

Die Studenten verachteten die Prager Deutschen und beneideten sie zugleich. In der heftigen Geste des Agitators verachteten sie deren schöngeistige Selbstbestätigung, das, was sie als kulturelle Indolenz ansahen. Sie verabscheuten deren Versöhnlichkeit, die ihnen als feige Resignation erschien, deren Verschlossenheit und dabei ihre praktische Geschicklichkeit, die ihnen als Egoismus erschien, als schnöder Verrat an der nationalen Sache.

Obwohl einzelne, darunter auch Juden, die leidenschaftlichste Avantgarde bildeten, bildeten diese Studenten insgesamt eine Isolierschicht zwischen Prag und dem übrigen Deutschtum in Böhmen. Für die Deutschen aus dem Grenzland war das deutsche Prag einfach zu jüdisch, und doch strebten sie danach, die Machtpositionen der Prager einzunehmen. Diese komplizierte Beziehung spielte sich dennoch in einer immer intensiveren Wechselbeziehung ab, die stetig enger wurde: die der tschechischen Brandung ausgesetzten Insulaner sahen in den intellektuellen Zuwanderern so etwas wie den »Optimismus von Parvenus«, doch das »frische Blut« aus den Bergen versprach keine Rettung, sondern untergrub letztlich die eigenen Bastionen.

Diese Studenten kamen, um auf einer der beiden deutschen Hochschulen zu studieren. Außerdem gab es in Prag für sie Gymnasien und Oberrealschulen.

Die Universität hieß Karl-Ferdinands-Universität. Gegründet wurde sie im Jahre 1348 als erste Universität in Mitteleuropa, und ihr Gründer war der Kaiser des Heiligen Römischen Reiches und zugleich böhmische König Karl IV., den die Tschechen liebevoll »Vater der Heimat« nennen. Das war selbstverständlich keine tschechische Universität, sondern eben eine »universale«. Am Vorabend der hussitischen Revolution hat sie sich – zu ihren Ungunsten – »tschechisiert«, und nach der Niederlage der böhmischen protestantischen Stände (1621), dem Auftakt des zerstörerischen Dreißigjährigen Kriegs, eigentlich des ersten »Weltkriegs«, hat sie Ferdinand II. den Jesuiten übergeben, die den Auftrag hatten, Böhmen zur katholischen Rechtgläubigkeit zurückzuführen. So wurde sie zu einem der Umerziehungsinstrumente für die tschechische Nation. Im Jahre 1654 hat man sie sogar an das Jesuitenseminar angeschlossen und mit einem Doppelnamen (Karl-Ferdinand) versehen.

Die weltlichen Fakultäten (Jura und Medizin) hatten ihren Sitz in den beengten Räumen des gotischen Karolinums, die philosophische und theologische Fakultät im Jesuitenkolleg, genannt Klementinum. Bis heute ist das ein imposanter Block massiver Bau-

ten, der Karlsbrücke vorgelagert wie eine Festung, – ein Bau von erdrückender Wucht. Die Kirche, insbesondere die Jesuiten, haben sich in dieser Zeit allzusehr mit den staatlichen Interessen identifiziert, was weder der Universität noch der Frömmigkeit in Böhmen zugute kam.

Die Verhältnisse an der Universität beruhigten sich dann, und als die Aufklärung kam, war die Anstalt schon wieder eine richtige Hochschule, und Prag wird zu einer der ersten Städte, in der sich der bewußt deutsche Geist gegen die Internationalität auflehnte, die ihn seit dem Barock beherrschte. Hauptsächliches Verdienst daran hatte Karl Heinrich Seibt, dessen Darlegungen über die Philosophie, Moral, Ästhetik, Stil und Geschichte das deutsche Nationalbewußtsein (bislang taub und abgestumpft) wachrüttelten. Sein Einfluß auf die studentische Jugend war außerordentlich. Er engagierte sich für die Säuberung der deutschen Sprache von den unzähligen Übernahmen aus verballhorntem Latein und dem Französischen, eiferte in ständigen Polemiken gegen den »fremdartigen« Kult des Italienischen auf der Bühne und in der Musik und betrachtete sich als einen Vorkämpfer für die ernste deutsche Literatur und Philosophie.

Ohne es zu ahnen oder zu wollen, machte er damit freilich auch seinen tschechischen Zuhörern den Weg frei für eine ähnliche Einstellung dem Deutschen gegenüber, die nicht einmal um eine Generation später ihre ersten Früchte getragen hat. Seine Vorlesungen waren die ersten in deutscher Sprache an der Universität, wo bisher das Lateinische geherrscht hatte. In Prag entstand eine deutsche Zeitschrift nach der anderen, und sie fanden auch Interesse bei den außerböhmischen Bildungsschichten.

Während der Napoleonischen Kriege wird dann Prag für einige Zeit geradezu zur Zufluchtstätte für nationale Exulanten und zum Brennpunkt des nationalen Widerstands. Hier wirkte der Freiherr vom Stein, hier redigierte Friedrich Gentz, hierher kamen Heinrich von Kleist, Varnhagen von Ense, Moritz Arndt und Friedrich Christoph Dahlmann. Dann tauchten hohe Militärs auf wie Gneisenau und Scharnhorst – Prag wimmelt von Gestalten, die in der deutschen Geschichte den Nimbus des Freiheitskampfes und der nationalen Erweckung tragen.

Um so mehr mußte also die spätere trostlose Abgeschiedenheit des Prager Deutschtums als ein tragischer Gegensatz zu dem glanzvollen Einst erscheinen. Ressentiments wurden geweckt. Die Prager Akademiker wurden von der alldeutschen nationalen Welle ergriffen, die sich von Universität zu Universität ausbreitete. Und auch jetzt können wir eine ähnliche Inspirationsprozedur wie schon im Falle Seibts verfolgen: Der Nationalismus, der in Mitteleuropa durch die imperialen Eroberungen Napoleons erweckt wurde, aber zunächst aus dem revolutionären Frankreich kam, wird von den anderen übernommen. In Böhmen wendet er sich dann zuerst gegen die Deutschen. Am ehesten werden diejenigen von ihm ergriffen, die in Jena oder Leipzig studieren. Man kann zwar nicht sagen, der tschechische Nationalismus sei eine bloße Kopie des deutschen gewesen, doch der deutsche Einfluß ist nicht zu übersehen.

Der verhängnisvolle Streit beginnt. Deutsche Studenten aus Prag besuchen heimlich ihre Kommilitonen in den umliegenden Universitäten in Sachsen und Preußen, und diese wiederum reisen nach Prag. Darüber hinaus kommen hier in den Ferien auch die jungen »Bergdeutschen« zusammen, um das deutsche Element zu stärken und »Flagge zu zeigen«.

Diese Einflüsse und Kontakte fanden ihr Echo in Versuchen zur Gründung der ersten Prager Burschenschaft. Zu den typischen Paradoxa der tschechisch-deutschen Beziehungen gehört es, daß es zunächst unter den agilsten Gründern dieser Vereinigungen, die sich der nationalen Größe Deutschlands verschrieben hatten, auch Tschechen gab. Die »entfesselte Freiheit des Geistes« und die gemeinsame Abscheu vor allem bürgerlichen Spielertum, das gemeinsame Trinken und

Singen sorgte für Verbundenheit, ehe die politische Stoßrichtung zutagetrat. Die österreichischen Behörden jedoch schätzten die Gefahr durchaus richtig ein. Metternich verabscheute alle Burschenschaften, und über den mitteleuropäischen Universitäten herrschte die strenge Aufsicht der Heiligen Allianz. Trotzdem kam es noch im Prag des Jahres 1924 zu Studentenunruhen, und eine Reihe von Studenten wurde zur Strafe zum Militär eingezogen.

Die deutschen Studenten waren viel stärker antiösterreichisch orientiert als die tschechischen. Die Tschechen bildeten zwar unter den Prager Akademikern schon eine sehr starke Gruppe, aber sie bildeten noch keine konturierte Gruppe innerhalb der Prager Studentenschaft. Der deutsche Amtscharakter der Universität verhinderte vorerst das Eindringen eines weiteren Nationalelements. Nichtsdestoweniger interpretierte die Regierung bereits die tschechischen wissenschaftlichen Bemühungen als panslawische Agitation.

Das Jahr 1848 sollte ein Jahr der Jubiläumsfeierlichkeiten für die Universität werden, und ihrem Begründer Karl IV. sollte dabei feierlich ein Denkmal gesetzt werden. Doch es kam anders.

Politisches Leben im eigentlichen Sinne hatte es zuvor in Böhmen kaum gegeben. Eine Art politische Keimzelle bildete allenfalls die »Freie Tischgesellschaft«, die sich nach irischem Vorbild »Repeal« nannte. Sie versammelte sich im Hinterzimmer eines Wirtshauses am Havel-Markt. Ihre Mitglieder waren Tschechen und Deutsche, Studenten und Arbeiter, aber auch Bürger aus dem Mittelstand, alle sehr jung. Tatsächlich beginnen die Ereignisse des Jahres 1848 mit gemeinsamen Aktionen: gemeinsam treten die tschechischen und deutschen Schriftsteller auf, als sie sich an die Öffentlichkeit wenden und unter anderem vor nationalem Wahn warnen. Die Entwürfe, nach denen die Vorherrschaft des Deutschen an der Universität beseitigt werden soll, unterschreiben beide Seiten mit derselben Begeisterung. Tschechische und deutsche Radikale verhandeln gemeinsam über die Reorganisation des Reiches. Auch die Solidarität mit dem Wiener Aufstand, bei dem Blut fließt, ist anfangs gemeinsam. Die Prager Studentenschaft gründet noch nach Wiener Muster eine Akademische Legion – aber das ist schon das Ende – auf Jahrzehnte.

Über den Streitigkeiten um die Beschickung des Frankfurter Parlaments – soll Böhmen Teil eines demokratischen deutschen Nationalstaats werden oder in einem nach Möglichkeit föderalistischen Österreich verbleiben – zerbricht diese Zusammenarbeit. Damals entsteht mit »Slavia« der erste akademische Verein tschechischer Studenten, es entsteht aber auch »Teutonia«...

Die absolutistische Regierung Bach begünstigt nach der Niederschlagung der revolutionären Bewegung germanisierende Tendenzen. Zu irgendeiner tschechisch-deutschen Zusammenarbeit von Fachleuten kommt es nicht mehr. Eine Ausnahme bilden die gemeinsam organisierten Schiller-Feiern des Jahres 1859.

Das öffentliche Leben der Tschechen wird nahezu völlig unterbunden. Deutsche Gelehrte begegnen tschechischen Wissenschaftlern mit Überheblichkeit. Dabei entgeht ihnen freilich der große kulturelle und wirtschaftliche Aufstieg der Tschechen im allgemeinen. Die Universität ist nur sprachlich deutsch, sie darf nicht anders. Man wartet nur ab. Und die Gelegenheit bietet sich.

Nach dem verlorenen lombardischen Krieg verlangen die Tschechen erneut eine Reform des Schulwesens. Die Einrichtung einzelner Lehrstühle auf einigen Fakultäten genügt ihnen nicht mehr. Die deutschen Professoren befürworten wohlwollend die Gründung einer tschechischen Hochschule, allerdings unter der Voraussetzung, daß sie mit der alten Universität nichts gemeinsam habe. Die realistischen Tschechen schrecken davor zurück; denn sie wissen, daß sie auf einen solchen Kraftakt nicht vorbereitet sind. Sie fordern die Teilung der Universität. Erst an dieser eher zweitrangigen Frage entzünden sich wilde Auseinandersetzungen, die bald auf die Straße getragen werden.

Bis zu dieser Zeit ist das Zusammenleben von Deutschen und Tschechen insgesamt ruhig. In den tschechischen humoristischen Blättern sind zwar die Deutschen beliebte Zielscheibe von Witzen, aber noch ist der Spott gutartig. Bierselige Biederkeit verbindet schließlich beide Volksgruppen.

Gehässigkeit macht sich erst – auf beiden Seiten – in den Auseinandersetzungen der Studenten bemerkbar. Das expansive Deutschtum hat als Treffpunkt das Kasino ausersehen. Dieses Haus wird zwar von den deutschen Juden ausgehalten, aber sein Gesicht prägen Nicht-Prager Elemente. Eine Zeitlang treffen sich noch tschechische und deutsche Honoratioren in denselben Lokalen. Dann trennen sich auch sie. Doch wenn es nach ihnen ginge, würden die Straßen wohl ruhig bleiben. Schließlich sind besonders die Prager Deutschen saturiert. Sie haben ihr Kulturniveau, ihre Macht, ihr Geld. Es stört sie nicht, daß sie gegenüber den Tschechen in der Minderzahl sind. Warum auch?

Seit dem Jahre 1859 sind die Burschenschaften geduldet, die Erneuerung des Verfassungslebens fördert ihren stürmischen Aufschwung. Anfangs treten ihnen wiederum auch einzelne Tschechen bei – die Vereine sind schließlich anti-österreichisch! Bald aber werden sie vertrieben – denn sie sind auch antitschechisch. Die Behörden schreiten nur hin und wieder gegen die Burschenschaften ein – wenn z. B. die Studenten eine Grußadresse an ihre Kommilitonen in Kiel schicken, zum Sieg der preußischen Armee im Dänischen Krieg. Doch der nationale Rausch ist nicht mehr zu bremsen.

Das Kolorit Prags ist nun gezeichnet von den Raufereien der akademischen Jünglinge in voller Wichs. Die Auseinandersetzungen gehen tiefer als es nach außen den Anschein hat. Die Zeit ist kämpferisch, und so schlagen sich die Deutschen auch untereinander: Mitglieder der Verbindungen Teutonia, Ghibellinia, Austria, Allemania, Carolina, Constantia, Suevia treten zu Mensuren gegeneinander an.

Diese Duelle waren und sind streng ritualisiert, sie hatten und haben ihre festen Regeln, und doch – oder eigentlich gerade deswegen – wurden sie von der Polizei verfolgt. Auf jenen »Feldern der Ehre«, wo man sich ›pro patria‹ schlug, wo man sich seine »Schmisse« holte, die einen fürs Leben als Akademiker kennzeichneten, wurde dieses »Patria« nicht einmal österreichisch begriffen, geschweige denn böhmisch. Häufig mußte man die Kneipe wechseln, denn nur Wirte, denen es schlecht ging, stellten ihre Räume einer Verbindung zur Verfügung. War der Wirt ein Tscheche, schob er patriotische Gründe vor: »Sollen sie sich doch gegenseitig fertigmachen!« Wenn die Polizei nahte,

mußten blitzschnell Schläger, Brustschilde und Verbandsmaterial, Handschuhe und die blutverkrusteten Hosen zusammengerafft und mit dem allem geflohen werden.

Die erste preußische Mensur, die in den Quellen nachgewiesen ist, fand am 6. Juni 1861 im Kaffeehaus Šubrt an der Stadtmauer statt. Die Eintragung lautet: »Kämpfer – Burschenschafter Albert Liberda (Carolina) und Burschenschafter Johann Tröger (Albia); Sekundanten – Ernst Hauer (Albia) und Karl Rösch (Carolina); Schiedsrichter – Julius Zuleger (Franko-Arminia). Mensur zweiten Grades. Liberda abgeführt. Zwei Stiche.«

Die lakonische Sprache der Eintragung ist wahrhaft bemerkenswert. Wir wissen, daß einige Duelle auch an einem der schönsten und romantischsten Plätze, die man in Prag finden kann, stattfanden: im Sommerschloß des Grafen Michna in der Straße U Karlova. Es ist dies ein Palast, den hervorragende Barockkünstler Europas mit Statuen und Fresken geschmückt haben. Kisch schreibt darüber:

»Man würde nicht glauben, daß in einem barocken Festsaal mit Kreide der Platz für die Mensur bezeichnet wird, daß hier Burschenschafter, Protokollanten, Hospitanten, Beisitzer, Wundärzte und der unvermeidliche Mensuren-Pepik in mehr oder weniger schmutzigen Stiefeln manipulieren werden, daß hier Schiedsrichter Befehle geben, Sekundanten protestieren werden, die Säbelklingen sich kreuzen und durch die Luft schwirren werden, gesättigt vom Gestank des Kolophoniums, Blutes und Karbols, Schläge auf Klingen, Köpfe, Brustschilde, Manschetten, Arme, Masken, Brüste, Beine und Wangen klirren werden, und daß aus einem Grafenschloß eine ganz gemeine Wirtschaft wird.«

Die Burschenschafter gaben dem Palast den Namen »Amerika«, und die Villa, die heute ein Museum für Antonín Dvořák beherbergt, heißt tatsächlich bis heute so.

Bei den Prager Mensuren wurden Waffen benutzt, die eine lokale Besonderheit darstellten und in den Hochschulen Deutschlands als »Prager Plempe« bekannt waren. Dabei wurde auf einen geraden Degen ein Säbelgriff gesetzt.

Siebzehn Jahre wurden mit dieser einzigartigen Waffe Mensuren geschlagen. Erst dann kam die Kultur nach Prag, und es wurde mit dem Florett gefochten wie überall in der eleganten Welt.

D ie Tschechen nannten die Burschenschafter nach deren Saufgelagen »Salamander« und störten sie bei jeder Gelegenheit. Die Polizei wiederum witterte geheime Treffen von großdeutschen Verschwörern. Schließlich mußten sich die schlagen-

den Verbindungen in Kneipen weit hinter der Stadtmauer zurückziehen, und in den Mensureintragungen findet man viele Namen verfallener Ausflugsgaststätten oder übel beleumdeter Spelunken in finsteren Gegenden. Diese Orte entsprachen schon lange nicht mehr den Regeln von Barbaseti, Bolgar oder Hergsell; dahin war alle Feierlichkeit, Exklusivität und Feudalität dieser Treffen, zu denen einst auch Burschenschaften von österreichischen und deutschen Universitäten von weit her nach Prag gekommen waren . . .

Der Sinn für Ehre und Mut, der durch die vernarbten Gesichter dokumentiert werden sollte, war in Böhmen jedoch nicht Ziel, sondern nur Mittel zum Zweck. Die uniformierten Burschenschafter mit der Trikolore in den Knopflöchern zogen in festgeschlossenen Gruppen durch die Straßen und hinaus zu den beliebten Ausflugsorten der Prager Tschechen. Ihren Streifzügen gingen in der Regel sogenannte »Kommerse« voraus, das waren Versammlungen, die mit einem Besäufnis verbunden waren, das schließlich den eigentlichen Sinn und Zweck bildete. Prügeleien waren unvermeidlich, und gerade darum ging es. Über die Prager Straßen zogen sie in breiten Reihen, damit die Fußgänger ihnen ausweichen mußten. Oder sie gingen in Marschformationen, grölten großdeutsche Lieder und riefen »Heil Germania«.

Aber sie trieben auch groben Unfug,

sie brüllten unter den Fenstern bedeutender, meist tschechischer Persönlichkeiten, rissen Geschäftsschilder herunter, trugen Trafik-Buden weg, zerschlugen Straßenlampen, hoben Kanaldeckel heraus (wer würde das heute auf der Karlsbrücke wagen?), klingelten die Hausmeister heraus. Kein Wunder, daß die Prager sie heftig zu hassen begannen.

Die tschechischen Studenten, die ihr Selbstbewußtsein wiederum mit slawischen Schnürbändern und slawischen Krawatten, runden Mützen mit Pelzbesatz und Stöcken, die in geschnitzten Köpfen des Hussitenhelden Jan Zischka ausliefen und daher »Žižkovky« genannt wurden, zur Schau trugen, waren ebenso darauf bedacht, ihrem Nationalstolz in demonstrativen Formen Ausdruck zu verleihen. Dies äußerte sich etwa in der Teilnahme an Begräbnisfeierlichkeiten und Kranzniederlegungen an den Gräbern und Denkmälern großer Tschechen. Nach der Ablehnung des nationalen Ausgleichs mit Wien (die sog. Fundamental-Artikel im Jahre 1871) spannten sie bei der Rückkehr des Politikers Rieger aus Wien Pferde aus und zogen selbst die Kutsche durch die überfüllten Straßen.

Gesten und Ohrfeigen, Ohrfeigen und Gesten. Diese wie jene dachten dabei nur in den Kategorien von »Ehre« und »Nation«. Nur, daß die Tschechen das Mensurenschlagen als barbarischen Brauch verabscheuten – blutrünstig und typisch deutsch.

Die Spannungen verstärkten sich im Jahre 1881, als die Teilung der Universität schon vorbereitet wurde. Die Deutschen behaupteten, sie sei die »älteste Hochschule auf deutschem Boden«. Damit erhielt der Streit eine nationale Dimension. Auch stand die Eröffnung des tschechischen Nationaltheaters bevor. Die Tschechen wollten darüber hinaus ein Denkmal für den hussitischen Heerführer Prokop Holý enthüllen, ihre Zeitungen veröffentlichten detaillierte Pläne für die Feierlichkeiten. Diese sollten mit gigantischen Umzügen durch Prag einhergehen, und es sieht so aus, als seien den Deutschen ein wenig die Nerven durchgegangen. Man erinnere sich daran, daß Prag damals 123 477 tschechische, 17 565 deutsche und 12 954 jüdische Einwohner hatte.

Die deutsche »Bohemia« wiederum druckte die Rede eines Professors Willkomm ab, in der es hieß: »Möge sich der Wunsch erfüllen, daß es gelinge, die Prager Hochschule als Kulturstation des deutschen Geistes zu erhalten. Hoffen wir, daß es so geschehe, obwohl schwere Kämpfe unserer Universität bevorstehen und der Aufstand derjenigen, die zwar in der Zahl, doch keineswegs dem Geiste, uns überragen, auf sie zukommt... Der deutsche Student in Böhmen, und vor allem in Prag, hat die Pflicht, mit Besitz und Blut die Ehre der Universität, der deutschen Wissenschaft, unserer Nation, der wir alle angehören, jener Heimat, die uns alle geboren hat, zu verteidigen... Wir alle, alle Deutschen in Böhmen, haben eine schöne Heimat, doch können wir uns diese Heimat nicht anders denken als deutsch.«

Der berühmte Physiker Ernst Mach sagte an anderer Stelle: »Wir werden nicht vergessen, daß wir Deutsche sind und uns in männlichem Kampfe für unsere Sache einsetzen werden.« Andere sprachen von »stürmischem Drängen obskurer Nationalitäten«, oder von der »Widerstandsfähigkeit bis zum äußersten«. »Ständig in Waffen!« rief ein Redner auf der Versammlung des Vereins für Arbeit an der deutschen Geschichtsschreibung. Tschechische Zeitungen hoben hervor, daß es den Burschenschaften darum gehe zu provozieren, daß sie »um jeden Preis irgendeinen größeren Sturm verursachen wollen, damit ihre Verbündeten und Unterstützer in ganz Österreich in Geschrei ausbrechen können, das Deutschtum in Prag sei bedroht, verfolgt, unterdrückt...«

In dieser Zeit kam es auch zum Scharmützel von Chuchle – oder auch zur »Schlägerei von Chuchle«, wie man manchmal schreibt –, die sich im Bewußtsein der Tschechen festgesetzt hat und mehr als einmal auch literarisch verarbeitet wurde. Der Prügelei ging ein Kommers der »Austria« voraus, die ihr zwanzigjähriges Bestehen feierte. Dem Umtrunk folgte eine feierliche Fahrt in zweiunddreißig Fiakern durch Prag. Im ersten Wagen fuhr ein Burschenschafter mit einem riesigen Ochsenhorn, das mindestens fünf Liter Bier faßte, und dessen Inhalt ein ordentliches Verbindungsmitglied auf einen Zug austrinken muß. In den übrigen Wagen fuhren Vertreter anderer Burschenschaften und im achtundzwanzigsten befand sich der Fuchsmajor – der junge Fürst Thurn und Taxis –, der einen dreieckigen und mit drei Fuchsschwänzen geschmückten Hut trug. Straßenbahnen, Kutschen und Fuhrwerke mußten anhalten. Die Tschechen sangen »Hej, Slovane« (»Auf, auf ihr Slawen« – das tschechische Pendant zur »Wacht am Rhein«) und das Lied »Kde domov muj« (Wo ist meine Heimat), das später zur Nationalhymne wurde, »Nach der Schlacht am Weißen Berg«, »Slawe bin ich, Slawe bleib ich«. Den Burschenschaften tönte ein tausendstimmiges »Pereat!« entgegen, von der deutschen Seite schrie es »Tod den Tschechen!« – Soweit eine gekürzte Zeitungsnachricht. Am nächsten Tag fand ein lange geplanter Ausflug der »Austria« nach Chuchle statt, einem beliebten Ausflugsort südlich der Stadt am Ufer der Moldau. Damals war das ein kleines Bad mit einer Heilquelle und einem Gartenrestaurant – eine Art bescheidenes Gegenstück zu Baden bei Wien. An den Feiern nahmen auch geladene Delegierte aus Wien und aus Deutschland teil, insgesamt etwa fünfzig Gäste, sowie Angehörige weiterer Prager Burschenschaften. Sie bestiegen ein Schiff mit Namen »Prag«, wiesen den Kapitän an, die weißrote Flagge einzuholen und die großdeutsche zu hissen. Bereits beim ersten Anlegen kam es zum Aufruhr, weil die tschechischen Passagiere es ablehnten, ein Schiff unter dieser Flagge zu benutzen. Nach langen Verhandlungen kam ein Kompromiß zustande: Das Schiff würde ohne Flagge weiterfahren.

Die Geschichte läßt sich drastisch abkürzen, zwar hat sie lange Zeit ganz Prag – und nicht nur Prag – erregt, aber den heutigen Leser würde sie nur langweilen: zu viele Kampflieder, zu viele angeheiterte Biertrinker und geschwungene Stöcke, zu viele Flaschen und Steine, machtlose Polizisten, Blut und Bier. Die Tschechen allerdings erinnerten sich gern an Chuchle, denn sie haben den Deutschen damals eine Lehre erteilt: Sie erwarteten das Schiff mit den Besiegten noch in der Nacht auf der Prager Brücke, um den anderen noch einmal mit Steinen zu zeigen, »wem Prag gehört« – wie noch unlängst ein zeitgenössischer Staatspublizist betonte.

Es folgte die vorhersehbare Kettenreaktion: Festnahmen, Beschlagnahme von – tschechischen – Zeitungen, Disziplinarverfahren gegen Polizisten, die vor der Situation versagt hatten, weitere Provokationen der Burschenschafter, die angeblich den Polizisten auf der Straße zeigten, wen von den Tschechen sie festnehmen sollten.

Die Tschechen wiederum versammeln sich vor dem deutschen Ständetheater und werfen mit Steinen die Fenster ein. Andere zerschlugen die Fenster des Physiologischen Instituts. Sechs Wochen darauf brannte unter rätselhaften Umständen das tschechische Nationaltheater aus – kaum drei Wochen vor der Eröffnung, die zu einer großartigen nationalen Feier hätte werden sollen.

Im Jahre 1882 wurde die Hochschule geteilt. Dabei wurde der deutsche Teil zur ursprünglichen Universität erklärt, der tschechische galt als bloßer Ableger. Die Deutschen lehnten es daher ab, die Universitätsinsignien (Zepter und Ketten, die alten Abzeichen akademischer Würdenträger) zu übergeben oder auch nur mit den Tschechen zu teilen. Der Prestigestreit um die Insignien dauerte noch bis in die dreißiger Jahre unseres Jahrhunderts und beschäftigte Historiker und Juristen, vor allem jedoch die Straße: Wer ist nun der legitime Erbe und Fortsetzer der altehrwürdigen Karls-Universität? Deutsche oder Tschechen? Wem gehören die Ketten? Wieder einmal bestätigte sich, daß das Blut der Nationalisten am zuverlässigsten über Äußerlichkeiten in Wallung gerät – beim Streit um Farben und Symbole.

Der Brand des Nationaltheaters im Jahre 1881 ▷

42

Požár Národního
divadla
dne 12. srpna 1881.

Der Brand des neuen
böhmischen
National Theaters
in Prag am 12. Aug. 1881.

Az uj
cseh nemzeti szinház
égése Prágában
1881 Augusztus hó 12.én.

Die Deutschen sicherten sich auch die Mehrzahl der Gebäude, der Institute und der Ausstattung. Nicht einmal Antonín Gindely, der lange als Nachfolger des Historikers Palacký gegolten hatte, folgte dem Ruf an die tschechische Universität. Dieser hatte als erster die tschechisch-böhmische Geschichte im europäischen Zusammenhang gesehen und die Katastrophe am Weißen Berg (die die tschechischen Gemüter so aufbrachte) als die natürliche Folge der unfähigen und egoistischen Politik der böhmischen Stände interpretiert. Wegen seiner programmatischen Objektivität wurde er von der patriotischen Journalistik rüde angegriffen und als »Zigeuner« beschimpft, »der mit seinen schmutzigen Händen nach den Lichtgestalten der tschechischen Geschichte greift...« So kamen die Tschechen nicht nur um die Universitätsinsignien, sondern auch um einen großen Gelehrten.

Sie mußten sich also neue Insignien beschaffen, und Wien sparte nicht mit Gold. Einen neuen Gindely zu beschaffen, war dagegen nicht so einfach.

Die tschechische Universität übertraf die deutsche schon nach zehn Jahren an Zahl der Hörer um das Doppelte, obwohl diese die drittgrößte in Österreich war. Ihr Professorenkollegium jedoch war unbeständig – Professoren und Hörer spürten, daß sie in der Stadt ein fremdes Element waren.

Man dachte schon damals und dann noch viele Male über die Möglichkeit eines Umzugs nach. Nach Reichenberg? Oder nach Eger? Am wenigsten gefiel es in Prag den nicht vermögenden deutschen Studenten aus dem Grenzland. Die deutsche Bourgeoisie und die adlige Gesellschaft nahmen sie nicht auf, und von den eigentlichen Bewohnern Prags trennte sie die Sprach- und Gesinnungsbarriere. Dies war sicher auch der Grund, daß so viele von ihnen in den Burschenschaften Zuflucht suchten und dann als verknöcherte Nationalisten nach Hause zurückkehrten.

Die Straßenkämpfe vom Dezember 1897, ausgelöst durch die Feier des deutschnationalen Abgeordneten Professor Pfersche, war das studentische Schlüsselerlebnis für eine Reihe von späteren Persönlichkeiten der ersten tschechoslowakischen Republik. Die Ereignisse führten allerdings zu einer noch deutlicheren Isolierung junger Deutscher in Prag. So ist es auch nicht weiter überraschend, daß im deutschen Universitätsteil das Tschechische überhaupt nicht als Studienfach angeboten wurde. Erst im Jahre 1906 entstand eine entsprechende Fakultät.

Die Agitation der deutschen Universität richtete sich immer mehr gegen die Tschechen, wodurch offenbar die zweite der sonst für den Nationalismus typischen Schneiden stumpf wurde: der Antisemitismus. In

Prag war er relativ schwach ausgeprägt, obwohl es hier zahlreiche jüdische Studenten gab. In der Medizin etwa betrug der jüdische Anteil um 1910 fünfundvierzig Prozent. Diese Studenten sympathisierten anfangs mit dem deutschen Nationalismus – jedenfalls solange er nicht seine rassistischen Zähne zeigte. Mehrheitlich jedoch dachten sie österreichisch, was sie allerdings mit gesteigerter Isolierung bezahlen mußten, wie eine Episode aus dem Leben Franz Kafkas bezeugt: Die älteren Schüler des akademischen Gymnasiums pflegten in den »Altstädter Studentenverein« aufgenommen zu werden, eine der üblichen deutschnationalen Vereinigungen. Bei einer derartigen Versammlung, die am Ufer der Moldau stattfand, wurde beschlossen, die »Wacht am Rhein« zu singen, nach nationalem Zeremoniell im Stehen. Kafka protestierte, indem er schwieg und sitzen blieb – es folgte der augenblickliche Hinauswurf.

Im Jahre 1911 kam Albert Einstein für ein akademisches Jahr als Professor für theoretische Physik nach Prag. Dessen wissenschaftliche Bedeutung war schon damals wohlbekannt. Im übrigen waren die meisten Professorenstellen der deutschen Universität, insbesondere in der Medizin, mit hervorragenden Fachleuten besetzt.

Den Ersten Weltkrieg haben die deutschen Studenten und Professoren begeistert begrüßt. Sie feierten alle Siege der deutschen Armee und waren glühende Anhänger des Großdeutschtums. Nach Kaiser Wilhelm II. verliehen sie auch dem österreichischen Generalstabschef Conrad von Hötzendorf die Ehrendoktorwürde. Doch dann trat das Unvorstellbare ein: die Niederlage der Mittelmächte.

Gleich in den ersten Tagen nach Ausrufung der Tschechoslowakischen Republik wurde der Name Ferdinand, der die Tschechen an die Schlacht am Weißen Berg erinnerte, aus dem Universitätsnamen getilgt. Die deutsche Universität wurde zu einer der bevorzugten Zielscheiben für nationale Hitzköpfe. Noch in den ersten Tagen und Wochen der Republik rief die Universität die österreichische Regierung um Hilfe an, und der Staatsrat Österreichs verkündete prompt, die deutschen Hochschulen in Prag und Brünn seien österreichisches Eigentum.

Das wurde als Provokation verstanden. Und die Tschechen schlugen nicht weniger prompt vor, diese Institute ins »Grenzland« zu verlegen.

Schließlich wurde am 19. Februar 1920 der kontroverse Vorschlag von Professor Mareš angenommen (die berühmte »lex Mareš«), durch den das Verhältnis der beiden Universitätsteile umgekehrt wurde: »Die Tschechische Universität ist die Fortsetzerin der altehrwürdigen Karls-Hochschule.« Deshalb sollte sie als einzige die Bezeichnung Karls-Universität tragen; ihr sollten das Carolinum sowie das Archiv, die Insignien und andere Denkmäler in ausschließlichen Besitz gegeben werden. Alle Attribute der jahrhundertelangen Tradition gehörten nun der tschechischen Universität.

Mit der Durchführung des Gesetzes betraute man das Schulministerium, und so wurde es eigentlich auf unbestimmte Zeit vertagt – wohl deshalb, weil manche fühlten, daß vom historischen Standpunkt aus eigentlich beide Teile das Recht haben sollten, die überlieferten Insignien zu benutzen.

Deutsche Nationalisten und Liberale haben auf der umgestalteten Universität noch eine Zeitlang zusammengearbeitet, im Jahre 1920 sind sie jedoch wegen des unterschiedlichen Verhältnisses zu den Juden auseinandergegangen.

Unter den Studenten hatte von Anfang an die proto-nazistische DNSAP starken Einfluß. In diese Richtung orientierten sich allmählich die Anhänger der »judenfreien« Burschenschaften, die immer entschiedener ihrer antisemitischen Haltung Ausdruck verliehen. Als im Jahre 1922 Samuel Steinherz zum Rektor ernannt wurde, streikten sie und forderten bei dieser Gelegenheit, einen »Numerus clausus trauriger Berühmtheit« einzuführen. Diese Vorkämpfer des Nazismus unternahmen schon damals alle Anstrengungen, um die Juden aus allen deutschen Studentenorganisationen auszuschließen. Als Organ diente ihnen

die »Sudetendeutsche Tageszeitung«. 1926 schließlich gründeten sie ihre eigene Organisation, die Nationalsozialistische Studentenvereinigung.

Auf der anderen Seite fanden sich die sogenannten Aktivisten schließlich bereit, auf dem Boden der tschechoslowakischen Verfassung mit den Tschechen zusammenzuarbeiten. Dahinter standen große Teile des Professorenkollegiums. Die beiden Minister, die die deutschen Parteien in der zweiten Hälfte der zwanziger Jahre im tschechoslowakischen Kabinett stellten, Franz Spina vom Bund der Landwirte und der Führer der christlich-sozialen Partei, Robert Mayr-Harting, waren Professoren der deutschen Universität. Ein weiterer geistiger Führer der deutschen Christlich-Sozialen, Senator Karl Hildenreiner, war Professor an der theologischen Fakultät. Auch die Sozialdemokraten, deren Einfluß auf die Deutschen in Böhmen zunächst erheblich war, hatten unter ihren Abgeordneten eine Reihe von Universitätsprofessoren.

Die Anzahl der Hörer an der deutschen Universität wuchs im Vergleich zu den Vorkriegsjahren auf das Doppelte; zu Beginn der dreißiger Jahre waren es an die fünftausend. Darunter befanden sich viele Ausländer (bis zu zwanzig Prozent), die meisten aus Polen, Ungarn und Rumänien. In den dreißiger Jahren nahm ihre Zahl ab, obwohl eine neue

Gruppe hinzukam; Emigranten aus Hitlerdeutschland, die meisten davon Juden.

Gegen sie richteten sich Krawalle, die junge deutsche Faschisten im November 1929 in den Hörsälen der medizinischen Fakultät veranstalteten.

Es kam auch zu einer ganzen Reihe von Aktionen, die in der demokratischen Tschechoslowakei als Provokation aufgefaßt werden mußten. So wurde Franz Jesser, Senator der nationalsozialistischen Partei, zum Ehrendoktor ernannt, August Naegel, Abgeordneter derselben Partei, dreimal hintereinander zum Rektor gewählt und 1925 gar als Kandidat für das Amt des Präsidenten der Republik aufgestellt. Von hier aus wurden gleichfalls Joseph Goebbels und Baldur von Schirach nach Prag eingeladen. Der Letztgenannte sollte auf einer Parteiversammlung sprechen, die von der Polizei verboten wurde, der Rektor jedoch machte es möglich, daß die Versammlung auf akademischem Boden stattfinden konnte, wo die Polizei keinen Zutritt hatte.

Beim ersten Gerichtsverfahren gegen deutsch-böhmische Nazis, Mitglieder des sogenannten »Volkssports«, saßen auf der Anklagebank entweder Studenten oder Absolventen der deutschen Hochschule.

Trotzdem hatte die braune Equipe das Ruder noch lange nicht in der Hand. Die antifaschistische Haltung der breiteren Öffentlichkeit erlaubte es schließlich sogar, bedeutende Gelehrte, die die Nationalsozialisten von den Universitäten Deutschlands vertrieben hatten, als Professoren nach Prag zu berufen.

An die philosophische Fakultät kam Emil Ututz und an die juristische der berühmte Hans Kelsen. Diese mußten allerdings damit rechnen, daß in ihren Vorlesungen randaliert wurde.

Der braune Einfluß in den Professorenkollegien stieg erst in der zweiten Hälfte der dreißiger Jahre kräftig an. Der Professor für römisches Recht, Marin San Nicoló, Rektor 1933/34, war der erste, an den sich die Führer der nationalsozialistischen Kräfte mit dem Ansinnen wandten, er möge an die Spitze der neuen Sudetendeutschen Partei treten. San Nicoló lehnte ab und empfahl statt seiner Konrad Henlein, der mit der Zeit zur rechten Hand Hitlers in der Tschechoslowakei aufstieg. Und die sportlichen Organisationen der Studenten nahmen immer mehr die Gestalt nazistischer Kampfgruppen an.

Doch immer noch gab es Wissenschaftler von Weltruf an der deutschen Universität, so den führenden Vertreter des »Wiener Kreises«, den Neopositivisten Rudolf Carnap.

Insgesamt zeigte die deutsche Universität jedenfalls wenig Neigung, sich der tschechischen Umgebung anzunähern. Vielmehr schien sie den tschechoslowakischen Staat nur als Provisorium zu betrachten.

Ende November 1934 stand Prag wieder einmal Kopf. Der Nationaldemokrat und Rektor der tschechischen Universität, K. Domin, entfachte eine sinnlose Kampagne um die alten Insignien, die laut Lex Mareš die deutsche Universität schon hätte abgeben sollen, worauf die amtlichen Stellen jedoch nicht besonders gedrängt hatten. Eine Zeitlang waren die Prager Straßen wieder von tschechischen Chauvinisten beherrscht. Sie belagerten und eroberten das Carolinum, zerschlugen einige Kaffeehäuser, die im Ruf standen, Treffpunkte linker Kreise zu sein, Redaktionen, Sekretariate von Arbeiterparteien, das »Befreite Theater« und die Polizeidirektion auf den Weinbergen.

So wurde früh deutlich, daß die Insignien – manche der empörten Demonstranten (Realschüler vom Land waren nach Prag gerufen worden) wußten nicht einmal, was dieses seltsame Wort eigentlich bedeutete – ein durchsichtiger Vorwand der nationalen Rechte waren, die Deutschen und die Juden ebenso anzugreifen wie die Linke und die Regierung, die »das alles« duldete.

Die Politiker, die sich an die Spitze dieser »Jeunesse dorée« – meist Juristen und Mediziner – stellten, suchten hier ihre zukünftigen Wähler: Die nationaltschechischen und antijüdischen Losungen gingen ihnen glatt über die Lippen. So tauchten in den Prager Straßen Eisenruten und Messer auf, Steine flogen und Parolen ertönten wie »Deutsche Mörder!« »Es lebe das slawische Prag!« »Deutsche und Juden an die Laterne!«

Ungeachtet der Unreife der studentischen Jugend beider Lager war nicht zu übersehen, daß sich in diesen häßlichsten Krawallen der faschistische Nachwuchs engagierte – auf tschechischer Seite aufgehetzt von den Agitatoren der Partei der Nationalen Vereinigung.

Kurz nach den Stürmen, denen ein Teil der Einrichtung des Carolinums zum Opfer gefallen war, wurden die Insignien tatsächlich übergeben. Über diesen Vorgang hatten sich die Verantwortlichen der deutschen Universität mit dem Schulministerium natürlich schon lange zuvor geeinigt. Die Studenten waren also auf Agitatoren hereingefallen, die lediglich die Autorität der Regierung untergraben wollten, in der – zweifelsohne zum Ärger Hitlers – immer noch Vertreter deutscher Parteien saßen.

Nach diesem Pyrrhus-Sieg verlor die nationalistische Rechte zusehends an Boden. Die Studentenschaft wandte sich von ihr ab, und die Nationale Vereinigung, die Partei, die alle rechtsgerichteten Nationalisten konzentrieren wollte, erlitt bei den Wahlen im Jahre 1935 eine schwere Niederlage. So kam – paradoxerweise – der Krawall um die Insignien letztlich

Die deutschen Truppen verlassen Prag – 1945 ▷

der politischen Mitte und der Linken zugute.

Nach dem Münchner Abkommen, während der sogenannten zweiten Republik (bis zur Besetzung der »Rest-tschechei« am 15. März 1939) ignorierte die deutsche Universität die Behörden vollständig, obwohl sie noch immer aus den Mitteln der Republik finanziert wurde. Das große Wort an der Universität führte der Gaudozentenführer, der Naturwissenschaftler Konrad Bernhauer. Jüdischen Studenten wurde die Inskription unmöglich gemacht, jüdische Professoren und aktive Antifaschisten wurden von der Universität entfernt.

Am 4. November 1939 wurde in einem Festakt im Ständetheater die Deutsche Universität Prag zur Reichsuniversität erklärt. An der philosophischen Fakultät begann sich plötzlich die Forschung über Leben, Geschichte und Sprachen der slawischen Völker zu entfalten – der Zusammenhang mit der geplanten Expansion nach Osten und Südosten war offensichtlich. Die Anzahl der Hörer war hoch, und die Nazis bemühten sich, Ausländer aus verschiedenen östlichen Ländern nach Prag zu locken, um sie für ihre Zwecke nutzen zu können. Die Universität wurde voll in die Dienste der Hitlerschen Expansions-

politik gestellt, während manche ihrer ehemaligen Professoren den Tod in den Gaskammern fanden.

Schade, daß das Kapitel über die deutsche Universität in Prag so schlagartig endet: Im Jahre 1945 hörte sie sang- und klanglos auf zu existieren, ohne daß jemand auf tschechischer Seite auch nur einen Finger für sie gerührt hätte. Schließlich waren alle tschechischen Hochschulen schon im Herbst 1939 geschlossen worden. Es geschah im okkupierten Prag nach Demonstrationen anläßlich des Jahrestages der Entstehung der untergegangenen Republik. Die Massenbeteiligung von Studenten dieser Kundgebung und am Begräbnis ihres getöteten Kollegen Jan Opletal diente dem Reichsprotektor zum Vorwand, die Hochschulen zu schließen. 1200 tschechische Studenten wurden in Konzentrationslager geschickt, neun Funktionäre des Studentenverbandes erschossen.

Die Schüsse fielen im Prager Schießstand Kobylisy am 17.11.1939. Es waren neue Töne in der nun ein Jahrhundert alten Auseinandersetzung der beiden böhmischen Lager, und die Tschechen haben sie sich – leider – nur zu gut gemerkt.

DIE THEATER –
KULISSEN DES DRAMAS

Die Auseinandersetzungen zwischen Tschechen und Deutschen wurden lange nicht mit letztem Ernst ausgetragen. Wenn Blut floß, dann meist nur aus der Nase. Die Tschechen mußten sich bestätigen, daß sie die Deutschen einholen konnten und um nichts schlechter waren, die Deutschen, daß sie ihren kulturellen und wirtschaftlichen Vorsprung halten würden. Beleg dafür ist der dramatische Wettstreit um das Theater – rivalisierend, prestigeträchtig, häufig kleinlich, aber dafür mit um so größerem Pathos ausgetragen. In Prag wurde nicht nur auf dem Theater gespielt, sondern auch um das Theater – ein Stück, in dem die Theater selbst zu Kulissen wurden.

Das Theater war eine Art synthetischer Indikator der kulturellen Tüchtigkeit einer Nation. Tatsächlich ist ein genialer Dichter kein so überzeugender Beweis für das kulturelle Niveau einer Nation wie der Betrieb einer eher durchschnittlichen Opernbühne. Denn hinter dem Theater steht die ganze komplizierte Infrastruktur von Fähigkeiten, Talenten, gesellschaftlichen Kontakten, organisatorischen und materiellen Mitteln. Und vor allem muß das Theater seine Zuschauer haben. Die Existenz von Lesern kann man noch vortäuschen, doch der Zuschauer muß nicht nur persönlich erscheinen, er muß auch immer wieder zurückkehren. Das Theater ist deshalb ein Betrieb, der nicht viel simulieren kann, denn es setzt den Hintergrund einer entwickelten Kultur voraus, der weder von Begeisterung noch von Aufopferung zu ersetzen ist.

Das tschechische Theater freilich existierte lange Zeit gerade nur in Form von Begeisterung und Aufopferung; ein schöner Traum, doch kein Betrieb. Die vermögenden Prager – Holzhändler, Müller, Mälzer – hatten kein Bedürfnis, sich eine Loge zu mieten, sondern gaben anderen Vergnügungen den Vorzug – die Männer dem Glas, die Frauen dem Schlaf. Die Patrioten konnten feierlich den Grundstein für das Nationaltheater legen, die Ränge mußten andere füllen.

Erst seit der Mitte des vorigen Jahrhunderts begann der Plan einer tschechischen Bühne langsam zum wirklichen Theater zu reifen. Das hatte für Böhmen um so größere Bedeutung, als ein Theaterbetrieb auch die definitive Emanzipation der tschechischen

Sprache als Kultursprache dokumentierte. Das Theater war einfach Wiege und Krönung der tschechischen Wiedererweckung.

So ist es nicht verwunderlich, daß es in Prag der Gegenstand eifersüchtiger Reibereien war. Alles im Zusammenhang mit dem Theater wurde mit verbissenem Ernst gesehen. Dazu waren die Prager noch allesamt ungewöhnlich theaterversessen. Das Gezänk, welches Theater welcher Volksgruppe gehörte, stand in der böhmischen Geschichte mehr als einmal gleichrangig neben Streitigkeiten um Denkmäler, die bedeutendsten politischen Symbole: ihre Aufstellung, Niederreißung und eventuelle Wiederaufstellung (wir werden sehen, daß auch eine Holzverschalung als Übergangslösung denkbar war!). Lange lag darin viel Äußerliches – wie sollte es anders sein, wenn zwei Nationalismen aufeinandertreffen. Lange hat sich die Politik hier ein Prophetengewand, dort ein Ritterkostüm übergeworfen.

Das erste steinerne Theatergebäude Prags erbaute im Jahre 1783 Graf Nostitz, der Führer der adeligen Landesopposition gegen den Wiener Zentralismus. An der Stirnwand trägt es die Aufschrift »Patriae et Musis«. Das Wort drückt die patriotische Sendung aus, doch unter dem Begriff »Patria« verstand man Böhmen in Österreich, die Hauptsprache des Theaters war Deutsch, und die Stücke, die man dort aufführte, stammten von Lessing oder Schiller. Heute ist seine Architektur ein Unikat, denn es ist – neben dem Theater in Leoben – das einzige erhaltene Rokoko-Theater der josefinischen Zeit, in dem man Mozartopern auf einer Bühne inszenieren kann, deren Ambiente sich seit der Uraufführung nicht geändert hat. (In diesen Jahren wird es gründlich, doch – hoffentlich – pietätvoll renoviert.)

Hier wurde im Jahre 1786 bei Kerzenbeleuchtung Figaros Hochzeit aufgeführt. Die Oper, italienisch und somit nicht an die Landessprachen gebunden, war ein Massenerfolg; schon am Tag darauf summte ganz Prag Mozarts Melodien. Das überraschte auch den Komponisten selbst, so daß er sich entschloß, speziell für die »Prager, die mich verstehen«, eine neue Oper zu schreiben: Don Giovanni – die Oper aller Opern. Auch Mozart sprach von dieser Premiere als vom glücklichsten Tag seines Lebens.

Wir erinnern daran, weil man in Prag zu diesem Theater immer mit Ehrfurcht aufsah und weil die Tschechen es nur schwer ertrugen, daß dort lange deutsch gespielt wurde. Nostitz verkaufte die Bühne an die böhmischen Stände, und die betrieben es hauptsächlich in deutscher Sprache. Tschechisch wurde nur Sonntag vormittags und an Feiertagen nachmittags gespielt – und auch das nur zwei Stunden. Schließlich mußte genug Zeit bleiben, um die Theaterräume vor der

1913 – Vorbereitungsarbeiten für das größte tschechische Freilichttheater in der Scharka.

nächsten Vorstellung gründlich auszulüften.

Das Publikum setzte sich aus Handwerkern, Dienstmädchen, hin und wieder bewußt tschechischen Bürgern und aus Studenten zusammen. Für die tschechische Sprache reichten noch immer Holzbuden als Volks- und Laienbühnen aus. Einige hielten sich nur eine Saison, andere sogar zwanzig Jahre.

Noch vor dem Revolutionsjahr 1848 wurde unter den Tschechen die Idee geboren, sich ihr eigenes Schauspielhaus zu bauen. Das Natio-

naltheater als Musentempel. Nach der Ernüchterung vom Revolutionsrausch (der in Böhmen eigentlich ziemlich bescheiden war und sich eher auf nationale als auf liberale Ziele richtete), blieb den Tschechen eigentlich nichts anderes übrig.

Das repressive Bach-Regime hatte übrigens bereits gegen entsprechende Sammlungen seine Einwände erhoben, und so sammelte man buchstäblich mit dem Hut. Das war einzigartig in Europa: Ein Volk ohne Adel, der mit ihm fühlt, ohne finanzstarke Mäzene und ohne wirklich reiche Schichten wollte sich pfennigweise ein repräsentatives Theater zusammenkratzen. Es wurde sehr lange gesammelt – nicht weil die Leute nichts geben wollten, sondern weil es so viele Arme gab und so wenig Vermögendere. Lange gesammelt, lange gebaut. Der Organisationsausschuß wurde bald zur politischen de facto Repräsentation der Nation. Und aus den Querelen darin wurde zu einem nicht unwesentlichen Teil der tschechische politische Pluralismus geboren.

Zunächst entstand (1862) das Provisorische Theater. Die Deutschen lachten darüber und meinten, es sei wieder nur eine Holzbude, und wer würde da schon hingehen! Anfangs hatten sie recht. In diesem Theater saßen die Zuschauer äußerst unbequem. Mäntel und Jacken mußte man auf den Schoß nehmen und in den Pausen auf den Plätzen sitzen bleiben, denn man konnte nirgendwohin gehen. Man verhielt sich also still und sah zu, daß man nicht auffiel – eine Gewohnheit aus dem Nostitz-Haus, wo man so lange nur geduldet war. Vor allem aber kamen nur wenige. Das Theater war also eher ein Symbol der nationalen Reife als eine lebendige Einrichtung.

Und letztendlich reichte das Geld doch nicht. Der Ausschuß mußte sich an den Adel wenden, der angeblich keine nationalen Gefühle kannte, und auch an den Hof. Es ging nicht um gewaltige Summen, doch sie waren nötig, und sie zogen unliebsame Verpflichtungen nach sich. Die Spende des Hofes zum Beispiel verpflichtete

dazu, anläßlich der Heirat des Thronfolgers die Brautleute einzuladen, obwohl das Gebäude noch gar nicht ganz fertig war, und eine Festvorstellung zu geben – nicht für das aufopferungsvolle Volk, sondern für Würdenträger aus Wien.

Inmitten dieser Improvisationen brannte das Schauspielhaus ab. Das war in der Tat eine nationale Tragödie. Doch die Trauer wandelte sich rasch zu neuer Energie: binnen einer Woche stand eine halbe Million Gulden zur Verfügung. Adel und Hof ließen sich diesmal nicht bitten und gaben ihren Anteil, egal ob aus Überzeugung oder bloßem Opportunismus. In zwei Jahren stand die Bühne wieder, und oberhalb des Vorhangs glänzte die Aufschrift: »Das Volk sich selbst«. Nun ja.

Manchem tat es jetzt auch gar nicht mehr leid, daß der alte Bau verschwunden war. Er hatte sich nämlich in vieler Hinsicht als unzulänglich erwiesen. Die übertriebenen Vorstellungen hinsichtlich der Zuschauerzahlen hatten den Architekten Zitek dazu bewogen, die grundsätzliche Forderung, jeder Zuschauer müsse auch etwas sehen können, nicht zu respektieren.

So spekulierte man sogar typisch tschechisch, der Schöpfer habe sein Werk selbst angezündet, um nicht mit dessen Mängeln konfrontiert zu wer-

Das Deutsche Theater (vor 1918) ▷

54

den. Es waren nur Vermutungen, doch es ist in der Tat verwunderlich, wie viele Hindernisse sich all denen in den Weg stellten, die den Brand hätten löschen können und wollen. Doch gleich, ob Unglück und Zufall oder Vorsatz – die wirkliche Ursache des Brandes wurde niemals aufgedeckt.

Die Haupttheorie war jedoch, wie schon erwähnt, konspirativ und anti-deutsch. Danach konnten die Prager Deutschen den Gedanken nicht ertragen, daß die Tschechen ein größeres Haus der Thalia haben sollten als sie. Kürzlich, Anfang der neunziger Jahre, ist in Prag ein Buch erschienen, in dem ein Enthüllungsjournalist hundert Jahre später diese Theorie wieder aufwärmt.

Aus der Fertigstellung des tschechischen Prachtbaus zogen die Prager Deutschen schließlich ihre Konsequenz: Vier Jahre später bauten sie bereits ihre eigene Bühne, die *ihre* Welt bedeutete! Das ehemalige Holzgebäude, wo deutsch und tschechisch gespielt wurde (unsere Historiker haben präzise gezählt, daß es dort insgesamt 804 tschechische Vorstellungen gegeben hat, während die deutschen Vorstellungen eine deutlich höhere Anzahl aufwiesen), wurde mit Hilfe der bewährten Wiener Architekten Fellner und Hellmer durch eine Neurenaissance-Schaubühne ersetzt und Neues Deutsches Theater genannt.

Im Ständetheater war schon fünfundzwanzig Jahre nicht mehr tschechisch gespielt worden – hatten die Tsche-chen doch ihr eigenes Provisorium. So kam es, daß die Deutschen zwei Schauspielhäuser hatten, obwohl es in Prag nur etwa 18 000 Deutsche gab. Die Tschechen protestierten, doch umsonst: Die beiden »deutschen« Theater waren stets besser besucht als das tschechische.

Auch die Deutschen hatten für den Bau ihres Theaters gesammelt. Die notwendige Summe kam erstaunlich schnell zusammen. In der tschechischen Literatur wurde bis zur jüngsten Zeit betont, daß dies ein Theater wäre, das sich Kohlenbarone, Fabrikanten und Adel gebaut hätten, um in jeder Hinsicht die Klassenunterschiede zu betonen. Unterstützt wurde das Projekt auch im Deutschen Reich. Durch Sammlungen wollte man die Solidarität mit den »bedrohten Stammesbrüdern« manifestieren.

Das Ständetheater und das Neue Deutsche Theater wurden nicht nur von den Pragern besucht. Aus ganz Böhmen fuhren eigens »Theatersonderzüge« in die Hauptstadt – derartige Theaterbesuche stellten eine Art patriotischer Wallfahrten dar.

Die beiden Bauten unterschieden sich auffällig, ganz besonders in ihrem Interieur. Das tschechische war nicht allein eine Bühne, es war gleichsam ein ernstes Pantheon, angefüllt, ja überfüllt mit Bildern und Plastiken, die die tschechische Vergangenheit in ihrem Ruhm und Leiden glorifizierten. Die

Blick in den Zuschauerraum des »Neuen deutschen Theaters«

Ausschmückung des Theaters war eine ungewöhnlich kontroverse Angelegenheit, voll widerwärtiger Zänkereien. Auf die Fragen, wer was malen, welche Statue gemeißelt werden sollte, damit es der Sache des Volkes am meisten nütze, entstanden wilde Streitereien, die in der Regel zu keinem guten Ende führten.

Die Tschechen hingen in der Regel noch immer dem Irrglauben an die sogenannten Königinhofener Handschriften an, einer gleichsam aus patriotischen Gründen gefälschten Parallele zum Nibelungenlied. Daher galt ein großer Teil der Ausschmückung des Theaters dem eher peinlichen Kult eines künstlichen Mythos. Sie wirkte aufgesetzt, ein wenig zu erhaben und pathetisch und ähnelte der Kulisse eines zeitgenössischen, tendenziösen Stücks. Das Nationaltheater war auch wirklich in seinen Stücken äußerst tendenziös, doch schien diese Tatsache das Publikum nicht zu stören. Das Neue Deutsche Theater dagegen war weltoffen, elegant und mußte den Vergleich mit Theatern in anderen Metropolen nicht scheuen. Das tschechische wirkte dagegen eher kümmerlich und lockte höchstens kleine Gruppen der Prager Bevölkerung an. Es war und ist ein Denkmal seiner Zeit. Der Zuschauer sollte sich hier als Tscheche

Das Smíchover Theater spielt die Posse »Pepi«, 1913

fühlen, sich bestätigt finden und sein Tschechentum genießen und stärken. Das Nationaltheater wurde zielbewußt als eine »Erziehungsanstalt« des Volkes aufgefaßt. Das Neue Deutsche Theater aber bot dem Zuschauer auch eine gesellschaftlich vergnüglichere Komponente; man sah und wurde gesehen, freute sich an einem schönen Stück und amüsierte sich.

Doch auch diese sich weltgewandt gebende Bühne, die sich im Abglanz des Lebensstils des Hochadels und der damit verbundenen höfischen Szene in Wien gefiel, wies deutlich Züge von Provinzialität auf. Die Abonnenten, die unverzichtbar stärkste Stütze des Theaters, konnten sich fast alles erlauben. Einer der bedeutendsten Förderer, der betagte Freiherr von Lanny, durch den österreichischen Eisen-

bahnbau reich geworden, neigte dazu, in schöner kleinstädtischer Manier in seiner Parterre-Loge zu schlummern. So kam man zu dem Schluß, in den Pausen fröhliche Musik zu spielen, was völlig grotesk wirkte, wenn ein ernstes Stück auf dem Programm stand. Erst als der alte Herr gestorben war, hörte diese Unsitte auf. Die bürgerliche Gesellschaft wiederum ergötzte sich an dem Gerücht, daß der Sohn der Gräfin Török, eines affektierten Stars, angeblich nicht Sohn ihres Gatten, des Theaterdirektors, sei, sondern die Folge eines Verhältnisses mit dem verstorbenen Kronprinz Rudolf. Und immer, wenn der junge Török in seiner Loge auftauchte, richteten sich alle Operngläser auf ihn, um wieder einmal die auffallende Ähnlichkeit mit dem toten Thronfolger zu bestätigen.

Die Oper allerdings hatte hier von Anfang an ein hohes Niveau. Es heißt, der Dramaturg Angelo Neumann sei der genialste Theaterimpresario vor Max Reinhardt gewesen. Die Oper war in der Tat bis weit über die tschechische Grenze hin berühmt, und es wirkten fast alle mit, die in Europa Rang und Namen hatten. Die Zuschauer wollten all das erleben, was in Berlin, Wien oder Paris geboten wurde. Jeder wollte Caruso oder Arimondi hören, der Dirigentenleistung von Gustav Mahler gegenwärtig sein. Der Kampf um die Eintrittskarten war wahrhaft grimmig – und durchaus nicht national bedingt.

Herr Kukerle im Souffleurkasten in der Scharka

Lange machten die Tschechen viel Aufhebens von ihrem Theater, und dies eigentlich ohne triftigen Grund. Es gab nämlich gar nichts Tschechisches zu spielen, jedenfalls keine guten, daher nennenswerten Stücke. Drama und Schauspiel bilden offenbar die Spitze der Pyramide eines gereiften, gesellschaftlichen Niveaus und setzt daher eine lebendige und kontinuierliche Geschichte voraus, auch eine Tradition bewältigter Konflikte und natürlich eine facettenreiche Gegenwart. Durch nichts Derartiges jedoch zeichnete sich derzeit die tschechische Gemeinde aus. Das tschechische dramatische Schaffen war papieren, voll guten Willens, aber heillos tendenziös.

Anders verhielt es sich mit der Oper – das Nationaltheater stand dem Neuen Deutschen Theater kaum nach, wohl nur darin, wen es sich zu Gastvorstellungen einzuladen nicht erlauben konnte. Es war ein Wettbewerb im besten Sinne des Wortes. Mit einigen Neuheiten konnten die Deutschen aufwarten, mit anderen wiederum waren die Tschechen schneller.

Nach tiefster Provinz mußten demgegenüber die Praktiken des ostentativen gegenseitigen Nichtbeachtens wirken. Das Nationaltheater führte zum Beispiel die dem gierigen deutschen Publikum bisher unbekannte »Elektra« von Strauss auf, ohne daß die deutsche Prager Presse auch nur eine Bemerkung darüber brachte. Deutsche Journalisten hatten die Aufführung natürlich besucht und

auch darüber referiert, aber nur in Frankfurter und Kölner Zeitungen – in ihren deutschen Zeitungen in Prag wagten sie es nicht. So etwas tat man nicht; darüber, was im Theater – und nicht nur im Theater – der Tschechen geschah, gehörte es sich zu schweigen. Wahre Theaterfreunde jedoch waren über derartig albernes Verhalten erhaben, wenn auch nicht immer konsequent. Natürlich gingen Tschechen – wenn auch inkognito – ins Neue Deutsche Theater und umgekehrt besuchten die Deutschen das tschechische, denn Qualität ist staatenlos. Es wäre müßig, den Nachweis erbringen zu wollen, welche Seite die meiste Verantwortung für diese gegenseitige Nicht(be)achtung trägt. Die Tschechen waren vielleicht ein bißchen weniger verhärtet, doch hatten sie auch viel mehr Zeitungen und daher mehr Gelegenheiten, über das deutsche kulturelle Leben zu berichten. Manchmal scheint es, die Prager Deutschen hätten sich vor allem mit Rücksicht auf die deutsche Welt, auf Berlin, aber auch auf Wien, die sie vertraten und von wo aus sie zuweilen Unterstützung erhielten, ihre bedrohte Festung in Prag gehalten.

Doch das Bild von der schwierigen Stellung der Deutschen in Prag wurde oft in zu grellen Farben gemalt. So erinnert sich der Regisseur des Na-

Eduard Vojan, einer der größten Schauspieler des Nationaltheaters – 1913

tionaltheaters (und Librettist Dvořáks) Kvapil, daß die Frau eines bekannten deutschen Schriftstellers nach Prag kam, um im Neuen Deutschen Theater die Aufführung eines ihrer Stücke anzusehen. Trotz aller Vorsicht und allen Argwohns machte sie sich mit Kvapil bekannt, so daß sie ihn bei einem Spaziergang, der sie an den frischen Trümmern des eben sanierten Ghettos vorbeiführte, zu fragen wagte: »Das sind offenbar die Folgen der kürzlichen antideutschen Demonstrationen?«

Das Theater in Prag wurde immer mehr als nationale Repräsentanz aufgefaßt und wurde so mehr und mehr zum Politikum. Grund zu Hoffnung für eine Annäherung bot sich, als un-

◁ *Kundgebung am Wenzelsplatz zur Feier des 50. Jahrestages der Grundsteinlegung für das Nationaltheater – 16. 5. 1918*

*Bühnenprobe zu »Jan Výrava« im Freilichttheater in der Scharka. Führende Mitglieder des Natio-
naltheaters mit Frau Laudová an der Spitze – 1913*

mittelbar nach der Entstehung der Tschechoslowakei ihr Präsident T. G. Masaryk einige versöhnliche Gesten machte, mit denen er auf die damals sehr vielsagende, entgegenkommende Einladung der deutschen Seite reagierte. Schon am dritten Tag nach seiner Rückkehr aus Amerika besuchte er mit der gesamten Regierung eine Aufführung von Beethovens Fidelio mit den Worten: »Mich freut die politische Weitsicht, die den heutigen Abend herbeigeführt hat. Ich hoffe und wünsche mir, daß er nur Prolog

◁ *Ein Teil des abgerissenen Judenviertels*

sei [...] für ein großes politisches Drama, das wir und die Deutschen gemeinsam für die neue Heimat spielen könnten und sollten.«

Man muß jedoch auch daran erinnern, daß ein damals führender tschechischer Dramatiker (Hilbert) öffentlich dagegen protestierte, daß Wagner-Opern auf der Bühne des Nationaltheaters aufgeführt werden.

Im Herbst 1920 wurden jedoch die tschechisch-deutschen Beziehungen wieder komplizierter. Die Serie der Nationalitätenstürme begann nach den Ereignissen in Teplice, wo die tschechische Minderheit beschloß, das Denkmal Josefs II. im Rahmen der geplanten »Entösterreichisierung« zu beseitigen. Man versuchte vergeblich, sie davon zu überzeugen, daß dieser Herrscher geradezu ein Revolutionär war, ein Feind des »religiösen Aberglaubens« und des »römischen Obskurantismus«. Auf die Teplitzer Tschechen hätten diese Argumente eigentlich wirken sollen, denn ihr neuer Staat hielt die katholische Kirche für ein Residuum Österreichs und übte eben eine sehr erfolgreiche Variante des alten (deutschen) Kulturkampfes.

Sie wirkten jedoch nicht. Josef II. war Österreicher, und allein deshalb mußte sein Denkmal fort. Das Denkmal wurde zunächst als Kompromiß zunächst mit Holz verschalt, und als die Deutschen die Verschalung entfernten, ordnete der Kreishauptmann die Abtragung des Denkmals an.

Das Niederreißen von Denkmälern wurde in anderen Städten eifrig nachgeahmt. Dabei kam es zu Zusammenstößen mit dem Militär. Die Tschechen rissen Denkmäler Josefs II. in Eger, in Tetschen und in Asch ab.

In Bodenbach gab es kein solches Denkmal, also hielt man sich an das Schillerdenkmal. In Eger wiederum schlugen die Deutschen eine tschechische Schule ein, vier Kinder wurden verletzt, und die wurden dann demonstrativ auf den Stufen des Wenzelsdenkmals in Prag gezeigt. Gleich darauf zog der empörte Mob auf das Ständetheater. Die Aktion war jedoch koordiniert. Der Solistenklub des Nationaltheaters bemühte sich schon lange um die Erweiterung seiner Bühne; zwei Jahre wurde zwar vergebens darüber verhandelt. Doch unter der Losung »Vergeltung für Eger« drangen sie in das Theater ein und erklärten es im Namen des Volkes für beschlagnahmt. Schon am selben Abend wurde dort die »Verkaufte Braut« gespielt, in Anwesenheit des Prager Oberbürgermeisters Baxa, eines nationaltschechischen und antisemitischen Demagogen, der so die ungesetzliche Aktion absegnete.

Überall wurden nun Gebäude deutscher Firmen und Gesellschaften beschlagnahmt, für einige Zeit sogar das Deutsche Haus (Kasino) sowie die Redaktion zweier deutscher Zeitungen. Selbst dem Neuen Deutschen Theater wurde es für einige Tage verwehrt zu spielen. Masaryk gab deutlich zu verstehen, daß er ein »beschlagnahmtes« Theater niemals betreten werde. Die Gewalttäter wurden schließlich vor Gericht gestellt und – freigesprochen. Die Tat von Eger konnte ihnen nicht eindeutig bewiesen werden. Doch darüber hinaus *wollte* sie auch niemand bestrafen. Nach zwei Jahren wurde beschlossen, den Deutschen alle durch Beschlagnahmung und Zerstörung entstandenen Schäden zu ersetzen, das Theater aber erhielten sie nie wieder zurück. Allerdings stellte sich heraus, daß ihr unbeholfener politischer

Trotz den Tschechen ein altes und absolut unpassendes Gebäude beschert hatte, in dem Schauspieler und Zuschauer mit Unbequemlichkeiten zu kämpfen hatten, und daß man für die Entschädigungssumme an die Deutschen mit dem Bau eines neuen tschechischen Theaters hätte beginnen können...

Das Ständetheater verwandelte sich dann de facto zur zweiten Bühne des Nationaltheaters. Bis heute wird bei uns betont, daß wir die zweite deutsche Bühne (in der Reihenfolge der Wichtigkeit freilich die erste, das Neue Deutsche Theater), den Deutschen »demokratisch« überlassen hätten. Dabei werden zwei Dinge unzulässigerweise miteinander vermischt: Im Verhältnis zur Anzahl der Einwohner hatten die Deutschen zwar in Prag »viele« Theater (deutsch waren auch die Aufführungen in der Urania), doch vom juristischen Standpunkt aus gehörten sie ihnen.

Im neuen Staat begannen also die tschechisch-deutschen »Theater«-Beziehungen mit einem äußerst scharfen Konflikt. Und doch wagen wir zu sagen, daß dies nicht der Anfang vom Ende war, daß damit doch nicht der Weg betreten wurde, der geradlinig zum endgültigen Bruch führte.

Denn gerade weil wir die Grundlage der Tschechoslowakischen Republik als demokratisch charakterisieren, hätte der tschechischen Seite – vorausgesetzt, daß auch die deutsche die Demokratie akzeptierte – an einer friedlichen Lösung in gegebenem Rahmen und im Laufe absehbarer Zeit liegen müssen. Diese Behauptung soll aber die Probleme nicht verniedlichen oder tschechische Repressalien vom Tisch wischen.

Schon gegen Ende September 1930 waren die Prager Straßen wieder voller Demonstranten. Der Tonfilm eroberte die Filmtheater. Und er tat es zuerst in deutscher Sprache. Der »Phonofilm« reizte die tschechischen Nationalisten bis zur Weißglut. Die Krawalle wurden zunächst von den Führern der kleinen Parteien der tschechischen Rechten vorsichtig unterstützt, einschließlich des uns bekannten Oberbürgermeisters Baxa. Ihre Zeitungen schrieben scheinheilig über »Demonstrationen gegen nicht vollwertige Filme«.

Eines Tages riefen ein paar Dutzend bestochener Zuschauer »Schande!« und protestierten während der Vorführung eines deutschen Films, der in Graz spielte, wo vor einiger Zeit jemand die Fenster einer tschechischen Gastwirtschaft eingeschlagen hatte. Zur gleichen Zeit applaudierten in einem anderen Kino zwanzig junge Leute einem ärmlichen Machwerk, nämlich dem ersten tschechischen Phonofilm. Ein erhitztes Gemüt regt das andere an, und bald treffen sich gleichgesinnte Gruppen auf der Straße. Einige der »Kämpfer für die wahre Filmkunst« haben Stangen mit

Nägeln am Ende, andere nur die obligaten Steine. Kinos, in denen gerade besonders »gefährliche« deutsche Filme vorgeführt werden wie »Zwei Herzen im Dreivierteltakt«, werden demoliert (die rechte »Nation« bringt kurz darauf einen Artikel mit dem gelungenen Titel »Gelungener Angriff auf das Kino Olympic«), ein paar deutsche Geschäfte werden demoliert und auch das Deutsche Haus bleibt nicht verschont. Traditionelles Ziel sind und bleiben aber die Fenster des Neuen Deutschen Theaters! Als die Polizei in die Tumulte eingriff, begannen die Demonstranten die Nationalhymne zu singen und verlangten von den Polizisten, sie sollten – wie es Vorschrift war – salutieren, um ihrerseits vor einer Festnahme fliehen zu können. Sie übernahmen damit allerdings nichts anderes als die alten, verhaßten österreichischen Praktiken, als der deutsche Teil des Wirtshauses »Gott erhalte« zu singen pflegte, damit man die verfolgen konnte, die vergaßen aufzustehen ...

Die Mehrheit der Presse analysierte und kommentierte die Ereignisse ausführlich und verurteilte sie einschließlich der Art und Weise, wie die tschechischen nationalistischen Zeitungen darüber schrieben. So erregten gedankenlose und nationalistische Querköpfe für einige Zeit Prag und die Republik. Auch in der deutschen Welt wurde ausgiebig über die Krawalle geschrieben. Sie galten zwar als ein symptomatisches Ereignis, doch im Ge-

samtkontext noch immer vernachlässigenswert. Die vielen Kommentare zeugen eher davon, daß sich die tschechische Öffentlichkeit durch den Mund ihrer führenden Intellektuellen (Karel Čapek beispielsweise) so etwas wie Immunstoffe gegen die Seuche des Nationalismus einimpfen wollte. Im ganzen ist ihr das auch gelungen – allerdings nur solange, bis Europa nicht ein schrecklicher Krieg drohte. Doch lautstarke radikale Gruppierungen ziehen überall auf der Welt mehr Aufmerksamkeit auf sich als jahrelanges vernünftiges Verhalten der Mehrheit. In Deutschland weiß man das noch besser als in Böhmen.

Die Besetzung des Ständetheaters, die studentischen Kämpfe um die Insignien und eben jene Tonfilmkrawalle bildeten die Straßenkonflikte in Prag. Unter der österreichischen Herrschaft, seit den achtziger Jahren des vergangenen Jahrhunderts, waren die Prager Straßen sehr viel unruhiger. Ein Ausnahmezustand folgte dem anderen, insgesamt waren es weit mehr als zwei Dutzend. Die erste Republik konnte zwar nicht die Verhältnisse in den Sudeten meistern, aus Prag allerdings machte sie eine moderne Metropole, in der »Völkerzwist« als so etwas wie exotische Folklore zu wirken begann.

Mitte der dreißiger Jahre ahnen viele Deutsche in Prag bereits die unheilvolle Entwicklung in Deutschland, nä-

Abendveranstaltung tschechischer Filmkünstler im Lucernasaal. Links Miloš Havel, der Onkel Václav Havels, Direktor der Lucerna-Film. Als erster in Böhmen zeigte er im Lucerna-Kino den Tonfilm »Show boat« mit dem berühmten Song Old Man River

hern sich ihren tschechischen Mitbürgern und überwinden so die Barriere, die zuvor als unüberwindbar galt. Bemerkenswert ist ganz besonders die jahrelange gemeinsame Arbeit vor allem von Künstlern. Daß es vor dem Hintergrund einer langen und scheinbar unüberwindlichen Konfliktbeziehung dazu kommen konnte, macht stets aufs neue Hoffnung. Sie bestätigt, daß das bittere Ende des tschechisch-deutschen Zusammenlebens kein Fatum war, und vor allem, daß der Grund für den Beginn dieses

Scheiterns nicht in Prag zu suchen ist. Im Rahmen dieser Zusammenarbeit trafen sich im Jahre 1935 die Mitglieder des tschechischen Nationaltheaters, der Städtischen Theater und des Neuen Deutschen Theaters und schlugen die Bildung einer Organisation vor, die alle Mitarbeiter der Prager Bühnen, ohne Unterschied der Nationalität, umfassen würde. Man sprach von der Verteidigung der Freiheit des geistigen Schaffens und dem Schutz gegen engstirnigen Nationalismus und Faschismus. Im Dezember wurde der

»Klub der tschechischen und deutschen Theaterleute« gegründet. Er erhielt eine Reihe von Grußadressen aus der ganzen Welt (so etwa von Thomas Mann, Arnold Zweig und Joseph Roth). Nach dem Prager Vorbild wurden Dependancen in Mährisch-Ostrau und in Brünn gegründet. Der Klub organisierte unter anderem Hilfsaktionen für arbeitslose und durch die Henlein-Provokationen getroffene Künstler, wie etwa für den vertriebenen Direktor des Stadttheaters Reichenberg, Paul Bernay.

Ein ganz besonderer Ausdruck der Solidarität und nationaler Verträglichkeit war die gemeinsame Vorstellung des 120 Jahre alten Lustspiels »Der Tscheche und der Deutsche« des tschechischen Dramatikers und Schauspielers Jan Nepomuk Štěpánek. Dieses naive, aber immer noch aktuelle Stück aus dem Dorfmilieu, das zur Toleranz und gegenseitigem Verständnis aufruft, bot die Möglichkeit einer zweisprachigen Aufführung. Dabei spielten die Deutschen tschechische Rollen und umgekehrt. Die Premiere des Lustspiels, bei dem auch Präsident Beneš anwesend war, fand am 23. Mai 1936 im Ständetheater

Das neue Theater am Wenzelsplatz in Prag spielt am 7. April 1936 das Lustspiel »Seine drei Witwen« unter der Regie von Oldřich Nový. Die Aufnahme zeigt ihn mit den drei Darstellerinnen. In diesen Jahren boten die Prager Bühnen Aufführungen von internationalem Rang.

◁ *»Die verkaufte Braut« oder »Libuše« von Bedřich Smetana wurden zur Feier und zur Ermutigung des tschechischen Vaterlandsgefühls aufgeführt. Am 8. Januar 1936 fand die Vorstellung zu Ehren des neuen Präsidenten Dr. Eduard Beneš statt (oben in der Präsidentenloge mit Ehefrau Hana während des Abspielens der Nationalhymne).*

statt und war der Beginn einer politischen Manifestation der tschechisch-deutschen Zusammenarbeit. Zu der Aufführung schrieben der tschechische Schriftsteller Edmond Konrád und der deutsche Otto Pick einen Prolog. Die Aufführung wurde am 10. Juni im Neuen Deutschen Theater wiederholt. Die Presse schrieb von einer »politischen konstruktiven Tat«, einer »Staatstat«, die einen »Durchbruch aus der nationalen Isoliertheit bedeutet, die der Faschismus künstlich schafft«, von einer »Verbrüderung der Kulturen«. Aber es gab auch andere Reaktionen von deutscher wie

69

Die Komponistin und Dirigentin Víteszlava Kaprálová dirigiert die Orchesterprobe ihrer »Vojenská Symfonietta« – November 1937

auch von tschechischer Seite. Der rechtsgerichtete Večer (Abend) fragte zum Beispiel »ob der ›Klub tschechisch-deutscher Theaterleute‹ nicht eher und zutreffender ›Klub philo-bolschewistischer Mitarbeiter‹ genannt werden sollte?«

Unkenrufen zum Trotz blieb es nicht bei gutgemeinten Gesten. Das Neue Deutsche Theater führte später das antifaschistische Stück »Die Mutter« von Karel Čapek mit der berühmten Tilla Durieux in der Titelrolle auf. In Brünn spielten sogar deutsche Schauspieler den ersten Teil der Aufführung

von Čapeks »Weißer Krankheit«, und tschechische den zweiten.

Im Vergleich mit den langen Jahrzehnten der Isolierung war dies eine erstaunlich gute und schnelle Entwicklung. Um damit aber zu verhindern, daß sich die böhmischen Deutschen so zahlreich an der »braunen Pest« ansteckten, war es allerdings zu spät. Dennoch ist die, wenn auch nur wenige Jahre andauernde Annäherung, ja Verbindung von Deutschen und Tschechen in der Geschichte Prags ein leuchtender Stern, wenn auch dicht vor dem Beginn der Dunkelheit. Um so bedeutsamer allerdings, da er zeigt, daß nicht überall das unaufhaltsame Abrutschen in den braunen Morast herrschte.

Es kam das Münchner Abkommen und die Einnahme des Sudetenlandes. Noch bevor die Besetzung der »Resttschechei« erfolgte, verkündeten die Anhänger Hitlers unter den Prager Deutschen, daß sie bald in das alte Theatergebäude zurückkehren würden.

Noch vor dem Termin, der den tschechischen Schauspielern zur Räumung gegeben worden war, mußte das Theater für ein Gastspiel der Wiener Staatsoper zur Verfügung gestellt werden, die hier Figaros Hochzeit aufführen sollte. Die Plakate aber hatten merkwürdigerweise bereits den Kopf des Deutschen Ständetheaters. Damit schon im voraus alles klar war. Die

Höhepunkt der Opernsaison 1937 im Nationaltheater war die Neuinszenierung von Janáčeks Oper »Das schlaue Füchslein« mit Marie Taubrová und Ota Horáková

tschechischen Schauspieler gaben dennoch nicht auf, sie wollten der ungerechtfertigten Beschlagnahmung bis zum letzten Vorhang trotzen. Sie kündigten einen Zyklus nationaler Theaterwerke an. Die letzte Vorstellung war am 1. Juli 1939 mit dem Stück »Die Laterne« von Jirásek, dem Verfasser einer Art tschechischen Professorenliteratur. Gleich darauf begannen Handwerker die Loge für den Reichsprotektor umzubauen.

Und mit der »Laterne«, einem eher kargen Heimatstück, das jedoch die Überzeugung ausdrückt, daß in den schlimmsten Zeiten die Nation von den einfachen, mit dem Boden verwachsenen Menschen zusammengehalten wird, kehrten im Juni 1945 die Tschechen in das Stände-Theater zurück. Als wäre die Wahl des Werks ein Omen gewesen. Bald nach 1948 hieß das geschichtsträchtigste Theater Prags nach einem anderen Heimatdichter Tyl-Theater.

Auch das Neue Deutsche Theater wurde am 20. Juni 1945 in tschechische Hände gegeben und umbenannt zum »Theater des 5. Mai«, dem Tag des Prager Aufstandes 1945. Man eröffnete die Saison mit einer neuen Inszenierung von Smetanas »Die

Das Theater als Sitz des tschechischen Widerstands: Premiere der Oper »Jenufa« von Leoš Janáček.
Einstudierung Václav Tallich, Marie Podvalová (links), Gabriela Preissová (rechts)

Brandenburger in Böhmen«, der ersten Oper des Komponisten, die wegen ihres ausdrücklich antideutschen Charakters während der gesamten Okkupation nicht gespielt werden durfte. In der neuen Ausstattung hatte die Bühne den Grundriß eines riesigen Hakenkreuzes. Die Oper wurde in dieser Saison häufiger gespielt als während des vergangenen halben Jahrhunderts.

Heute ist die Bühne Bestandteil der Oper des Nationaltheaters und heißt Smetana-Theater. Von vorn und von hinten führen in engster Nähe zwei Fahrbahnen der Autobahn vorbei, die Prag in zwei Hälften teilt. Schwere Lastwagen rasen 24 Stunden täglich dicht am Orchestergraben vorbei. Die Fernstraße heißt »Allee des Siegreichen Februar« nach dem Monat der »Machtergreifung« im Jahre 1948.

Es ist wahrscheinlich, daß die Mehrheit der heutigen Zuschauer einschließlich entflammter Opernliebhaber wohl nicht mehr weiß, wer dieses Theater einmal gebaut hat. Man braucht sich daher auch nicht zu wundern, daß in einem kürzlich erschienenen, sehr ausführlichen Führer durch Prag (fast fünfhundert Seiten größeren Formats) das Theater mit keinem Wort erwähnt wird.

Das Theater wurde vor einiger Zeit renoviert und ist inzwischen in sehr gutem Zustand. Um so mehr tritt der Unterschied zwischen dem tschechischen und dem deutschen Bau hervor: Sie entstanden in nur fünf Jahren Abstand voneinander, und doch sind sie Ausdruck zweier ganz verschiedener Welten. Vielleicht bringt ihr Anblick doch hin und wieder jemanden zum Nachdenken, der sich dann fragt: Wie ist es möglich, daß wir Tschechen uns in praktisch derselben Zeit zwei so völlig unterschiedliche Theater leisten konnten?

DIE LITERATEN:
PRAGER FLUCH UND
PRAGER SACHLICHKEIT

Die Prager Deutschen lebten in Böhmens Mitte. Mit ihren Landsleuten in ganz Böhmen bildeten sie etwa ein Drittel der Gesamtbevölkerung. Die Prager Deutschen lebten zwar fast alle in der Stadtmitte, dennoch waren sie weit davon entfernt, damit zugleich im Mittelpunkt des Stadtgeschehens zu stehen, ja, sie bildeten nicht einmal das Herz des böhmischen Deutschtums.

Die Außenwelt war für die Deutschen in Prag etwas, was eigentlich gar nicht existierte, was nicht zu ihnen gehörte, sie daher auch kaum tangierte. Viele von ihnen waren Juden, besonders unter den Finanziers und Literaten, und sie lebten in ihrer eigenen Welt, abgehoben von der der übrigen Bevölkerung der Stadt, gleichsam wie im Zustand der Schwerelosigkeit, die jedoch eher Unsicherheit als Euphorie herbeiführte. Die Konfrontation mit den Tschechen und den Sudetendeutschen stellte sie vor eine riskante Wahl: resignieren oder resistieren. Doch den Prager Deutschen schien die eine Möglichkeit so kompliziert wie die andere, und so entschlossen sie sich nicht zu wählen, oder besser: sie wählten die Unentschlossenheit.

Der Zustand der Schwerelosigkeit enthüllte zugleich ein nicht unwichtiges Defizit der Deutschen in Prag: Sie hatten keine eigene Geschichte, keine Vergangenheit. Kurz vor der Entstehung der Republik drückte das F. X. Šalda im zeitgenössischen Pathos der Literaturkritiker folgendermaßen aus: »[...] hier wächst nicht ihr Baum, dessen Wurzeln in das Dunkel der Zeiten reicht, in den Humus einer staatlich-nationalen Geschichte; hier existiert keine deutsche Nation, die von einer schicksalhaften und einzigartigen Fessel an diesen Boden gebunden würde [...] Ihre Nation, ihr Baum wurzelt anderswo als in Böhmen; vielleicht in den Alpenländern, vielleicht in Preußen, vielleicht in Sachsen – überall, nur nicht in diesem Königreich.«

Šalda, der nie zu den tschechischen Nationalisten gehörte, gab damit nicht nur die damalige Atmosphäre wieder, sondern auch viel von der existentiell tragischen Stellung der Prager Deutschen.

Paul Leppin hat behauptet, in den letzten Jahrzehnten habe in den deutschen Bezirken Prags eine organische Entwicklung vollständig gefehlt: »Das, was existiert, macht den Eindruck fer-

tig gekaufter Möbel, ersteigert, wahllos zusammengestückelt.«

Und doch gehörten sie in diese Stadt. Sie lebten hier zwar nicht seit dem »Dunkel der Zeiten«, aber doch seit eh und je. Wie sie hier fehlten, zeigte sich, als sie verschwanden. Gewiß, das äußere Bild der Stadt hat sich nur wenig verändert. Und doch änderte sich ihre Atmosphäre, die Art und Weise, wie wir sie wahrnehmen und wie sie sich selbst wahrnimmt. Das Bild ist flacher, es fehlen die Töne und Halbtöne, die die tschechische Palette noch heute entbehrt.

Die Deutschen in Böhmen, besonders aber die Prager Deutschen schufen eine Literatur, die mit der Stadt für ewig verknüpft bleibt. Das ist paradox, denn allen Voraussetzungen nach sollte sie gar nicht existieren können, da nicht ganz ohne Berechtigung behauptet wird, daß es keine Literatur ohne Volkssprache geben könne. In Prag jedoch gab es keine. Es fehlte die Fülle der Dialektformen, also sprach man »Buchdeutsch«, eine Sprache, die sich kaum entwickelte, die unter dem Druck der Isolation immer mehr zu einem staatlich unterstützten, feierlichen Kommunikationsmittel wurde.

Oskar Wiener stellt im Vorwort zur

◁ *Max Švabinský und Dr. Hugo Salus. Der tschechische Maler und der deutsche Dichter in angeregtem Gespräch – 1905*

Anthologie »Deutsche Dichter aus Prag, Wien/Leipzig 1919« fest: »Und das ist das tragische Los aller deutschen Dichter meines Vaterlandes, daß sie immer nur innerhalb ihrer Gesellschaft auf sich selbst angewiesen bleiben, von der slawischen Umgebung fest eingeschlossen. Wollen sie aus dem Volke schöpfen – und welcher Dichter muß das nicht – dann tauchen sie ein in die Flut fremder Nationalitäten, holen sich ihre Anregungen und die Stimmungen ihrer Werke vom tschechischen Charakter, der sie auf befruchtende Weise umgibt. Wer hier hinter der Mauer einherschreitet und den Weg zum lebendigen Leben verachtet, wird zum Salondichter, schreibt nur für den engen Kreis kultivierter Menschen. Mit diesem Fluch sind alle großen künstlerischen Persönlichkeiten des deutschen Prags beladen, sie sind Märtyrer ihres Heimatgefühls.«

Die jungen Literaten saßen in den Kaffeehäusern und stellten funktionstüchtige Programme auf, um die Bourgeoisie, ihre Eltern, ihre eigene Welt zu schockieren. Die Väter warfen ihnen vor, ihre Werke seien mysteriöse Machwerke, blutrünstig, obszön und provokativ. Das waren sie in der Tat, zumindest einige von ihnen.

In dem Maße, in dem der Wortschatz abnahm, wuchs die Geschwollenheit, Künstlichkeit, das Phantastische der Sprache und damit eine bizarre, ungewöhnliche Literatur. Doch gerade sie machte die Stadt zu einer berühmten

»Auch tschechische Schriftsteller können sich manchmal eine Erholungspause gönnen. – Nun, hier sitzen unsere beiden Schriftsteller, unser lieber K. V. Rais × und der kürzlich siebzig gewordene Antal Stašek ✳ inmitten von Verehrern und Freunden.«

Wirklichkeit. Die Deutschen waren es, die Prag im phantastischen Licht als Labyrinth wahrnahmen, ihre Schritte durch die Stadt wurden so häufig von fieberhafter Phantasie geleitet.

Diese Treibhausatmosphäre bewirkte, daß hier die Talente wie die Pilze nach dem Regen aus dem Boden schossen. Prag konnte eine solche Menge von Talenten gar nicht fassen. Emil Utitz behauptet, daß es in den letzten Jahren der österreichischen Monarchie üblich gewesen sei, jeden jungen Prager Deutschen, der die Grenze überschritt, zu fragen, was für Bücher er geschrieben habe. Daß er etwas geschrieben hatte, wurde als selbstverständlich vorausgesetzt. Und tatsächlich, fährt Utitz fort, in ganz Deutschland und Österreich traf man auf Prager Journalisten und Schriftsteller. Und auch auf den Lehrstühlen fast aller deutschen Hochschulen gab es Prager Deutsche.

Das Prager Milieu war einfach überintellektualisiert, und daher bekam es auch den Spitznamen »das Schmockkästchen der Monarchie«. Dazu muß man anmerken, wie der Prager Egon Erwin Kisch herausgefunden hat, daß

Der Schriftsteller Svatopluk Čech. »Pestrý tý-den« schreibt anläßlich seines neunzigsten Ge-burtstags über ihn: Der Byronist und Romanti-ker ist durchdrungen von einem tiefen Verant-wortungsgefühl gegenüber der Gesellschaft. Es gab größere Dichter, doch keinen edleren.

scher Dichter in Prag, die aus einer künstlichen sprachlichen Enklave her-vorkamen, erreichte zwar ein erhebli-ches kulturelles Niveau, doch bot es in der Tat keine neuen, kreativen Le-bensimpulse. Der Wiener Karl Kraus drückte das mit seiner sprichwörtli-chen Giftigkeit so aus: »In Prag, wo sie besonders begabt sind, und wo ein je-der in der Nähe eines aufwuchs, der Verse schreibt, schreibt er sie auch […] und die Lyriker vermehren sich wie die Bisamratten.«

Und der hervorragende Interpret und Übersetzer (ins Tschechische) der Pra-ger deutschen Literatur, Pavel Eisner, schrieb:

»Sicherlich – nirgendwo sonst als in

mit dem Begriff Schmock »nicht ein käuflicher Journalist bezeichnet wer-den soll« (obwohl das in einigen nam-haften Enzyklopädien behauptet wird), sondern eher ein »närrischer Sonderling«. Dies hat er überzeugend durch die Anführung der Quelle be-legt, in der dieses Wort in Prag zum ersten Mal vorkommt.

Das betont Intellektuelle Prags nah-men freilich einige scharfsinnige Be-obachter als Merkmal eines Defizits wahr, als ein Alarmzeichen der Le-bensunfähigkeit. Das Schaffen deut-

Egon Erwin Kisch

77

Brug an der Moldau lag die Flucht aus der zweifelhaften Wirklichkeit in künstliche Paradiese so auf der Hand; nirgendwo sonst gab es so viele Anregungen der überlebenden Geschichte zu Ausflügen in die Ferne der Zeiten und der Orte; nirgendwo sonst war so viel quälende atmosphärische Bangigkeit angehäuft; nirgendwo sonst gab es so viele Aufforderungen für den Haschisch des artifiziellen Erlebnisses wie auf diesem schwankenden, unzuverlässigen und trügerischen Boden, in dem der deutsche Mensch versank, ohne Wurzeln zu erreichen und ständig verfolgt von geheimnisvollen Stimmen. Alle Konstanten der Neoromantik: Flucht aus Zeit und Raum, Experiment, ein System von Zerrspiegeln, hypnotische und halluzinatorische Deformation der Wirklichkeit, die künstliche Atmosphäre von Treibhaus und Brutkasten, Triebhaftigkeit, Undeutlichkeit, Obsession, Vertauschung von Traum und Realität und das Verschwimmen beider, unverbindliches Spiel, Privatheit und Ausschließlichkeit des Erlebnisses, das Bestreiten menschlichen Zusammenhalts und gesellschaftlicher Funktionen – das alles ist in überreicher Schattierung in der Prager Neoromantik enthalten, vom geheimgehaltenen Anzeichen bis zum aufgepeitschten Aufschrei, von Äußerungen, die sich zögernd vom Neoklassizismus freimachen bis zu denen, mit denen die Neoromantik mit vollem Wind in den Expressionismus segelt.«

Der Expressionismus! Wenn man die Brille des nationalen Prestigedenkens abnimmt, stellt man überrascht fest – und hier berufen wir uns auf Jindřich Chalupecký –, daß diese Kunstrichtung weit eher eine mitteleuropäische Gesamterscheinung ist. Seine Heimat ist sowohl Dresden als auch München, Berlin, Wien, Innsbruck und nicht zuletzt Prag. Im übrigen war die sprachliche Zugehörigkeit in keinem Falle entscheidend. Die Mitglieder der Gruppe bedeutender expressionistischer bildender Künstler, Osma – (die Acht), waren sowohl Deutsche als auch Tschechen. Tschechische bildende Künstler stellten seit dem Jahre 1911 regelmäßig mit deutschen Expressionisten aus. Der Regisseur František Zavřel und dann auch Artur Longen wirkten genauso in Deutschland wie in Böhmen. Der eigenwillige Philosoph Ladislav Klíma und der unruhige katholische Priester Jakub Deml schrieben auch auf deutsch, Kafkas Wurzeln wiederum weisen eine nicht unwesentliche tschechisch-jüdische Prägung auf. Übrigens ist der Begriff des Expressionismus nicht sehr klar gefaßt, und gewöhnlich denkt man an die exaltierte Entzückung von unkontrollierten Tiefen des Gefühls und der Instinkte. Dies jedoch kennzeichnet bereits die Folge des Zerfalls der Persönlichkeit oder sogar ihres Verschwindens, allerdings auch den Kern der expressionistischen Erfahrung. Ein zweites, ebenso wichtiges Element stellt das apokalyptische Gefühl des Endes der europäischen Zivilisation dar.

Während die Künstler in Frankreich, in Italien oder in Rußland noch in einer im ganzen positiven Atmosphäre arbeiteten, überwog hier der Einfluß böser Ahnungen. Die Anzeichen der Katastrophe lagen in der Luft. Prag hörte auf, romantische Kulisse zu sein, es wurde zu einem Ort voll innerer Spannung, zu einer Falle, einem Labyrinth des Verderbens. Dies gilt auch für einen Teil der tschechischen Literatur, die sich endlich am Ende des 19. Jahrhunderts ihrer »Volksgebundenheit« entledigte, und stärker noch für die bildende Kunst. In der Freude an der wiedergewonnenen Selbständigkeit verloren die Tschechen jedoch bald ihr Bewußtsein als Teil vom Ganzen, als Teil der Welt, und daher häufig auch das Interesse an einem Echo außerhalb Böhmens. Es verschwand die kürzlich entstandene und sehr aktive Verbindung zwischen tschechischen und deutschen Schriftstellern, die die natürlichsten und vielfach begeisterten Dolmetscher der neuen tschechischen Werke waren wie Max Brod, Franz Werfel und andere.

Der Expressionismus der bildenden Kunst und der Literatur, diese ganz zweifelsohne gewichtigste Botschaft Mitteleuropas – und besonders der alten Monarchie – an die Welt ist, soweit es Prag betrifft, nicht die Furcht eines nur exaltierten Pathos und der Abstraktheit, also der »Prager Fluch«. Zu ihm gehört auch die »Prager Sachlichkeit«, die Nüchternheit mit geschärftem Sinn für die Wirklichkeit, das konkrete Detail. Der Reiz des Prager Expressionismus besteht gerade durch das Zusammenspiel und durch die Spannung dieser beiden Charakteristika.

Der spätere deutsche Expressionismus zerschlug die gefestigten Formen unter dem Eindruck einer erregten Vision, einer neuen Idee vom Menschen. In Prag jedoch treffen wir auf eine gegensätzliche Form, in welcher kleine Scherben und Bruchstücke der Wirklichkeit unerwarteten Sinn gewinnen: In einigen Blickwinkeln tragischer Visionen erkennt man das Komische, die Ironie und vor allem die Selbstironie. Diese mosaikartige, nervöse, träumerische Atmosphäre, diese Kollage des absurd Komischen der scharf beleuchteten Realität, der Melancholie und der Ironie – das ist Prag.

Von dem »Prager Fluch« künden die Neoromantiker, die der Magie des Ghettos verfallen sind, wie Paul Leppin, der Dichter der künstlichen Höllen, Viktor Hadwiger, und zuweilen auch der bekannteste von ihnen, der Visionär der Phantasmagorie, Gustav Meyrink. Meyrink, bekannt geworden durch seinen skurrilen Roman über den Golem, einen Homunkulus aus dem mittelalterlichen Prager Ghetto, war zugleich Autor jener anderen, sachlichen Stillage. Er war zugleich ein leidenschaftlicher Gesell-

Gustav Meyrink

schaftskritiker, und es gelang ihm, völlig unsentimental und beißend ironisch zu sein. Sein Genre war die magische Groteske, was im übrigen eine typisch pragerische Art der Weltsicht ist. Die Prager Philister, Tschechen und Deutsche, verlachte er mit vernichtendem Humor. Eisner sagt über ihn: »In seiner Seele schweigt die Ahnung von der europäischen Apokalypse und die rächende Sehnsucht danach nicht still.«

Die »Prager Sachlichkeit«, also Sinn für Details, Wirklichkeit und Komik, ist bezeichnend für diejenigen, die aus dem Ghetto fliehen bzw. zu fliehen versuchen. Nüchternheit, eine Art Fanatismus bizarrer Sachlichkeit, ist für Egon Erwin Kisch charakteristisch, den allerdings nur die Realität fasziniert, aus der der Expressionismus geboren wird. Auch Urzidil ist ein nüchterner Erzähler, obwohl sein Realismus magischer Realismus genannt werden kann.

Kafkas nüchterner Satzbau und armer Wortschatz wirken neben der häufig aufgeblähten Diktion seiner literarischen Kollegen raffiniert. Beide Stilmittel sind undenkbar ohne den Hintergrund des Prager Deutschen. Seine Sachlichkeit ist Gewissenhaftigkeit bis hin zur Ängstlichkeit, sie ist Ergebenheit der Wahrheit gegenüber. Die Diktion wirkt fast mathematisch präzise und entbehrt alles Lyrischen. Kafkas Welt war bedrückend, doch es war keine künstliche Welt. Er brauchte das Pathos nicht, er mußte nicht dramatisieren. Wer so scharf sah wie Kafka, der mußte in Prag nicht zaubern – die Ideen flogen einem zu.

In Kafkas Werk gibt es fast keine konkrete Bemerkung über Prag. Und doch erstrahlt die geheimnisvolle Stadt aus jeder Seite.

Sachlichkeit und Nüchternheit in einer solchen Stadt konnten nicht anders als faszinieren, und gerade daran denken wir, wenn wir den Prager Expressionismus, diesen Bericht vom Ende einer Welt, zusammensetzen aus exaltierter Neoromantik auf der einen und aus Sachlichkeit auf der anderen Seite.

Der Prager Expressionismus, diese letzte, spontan erklungene deutsch-tschechische Stimme, deren Warnung eindeutig war und es bis heute blieb, ist unvorstellbar ohne das Erlebnis der alles durchziehenden, unsichtbaren Grenzen, die die Stadt selbst zu einer Grenz-Stadt machten. Dies ist die grundlegende Wirklichkeit, das Wesen Prags. Lange fürchtet man sich hier voreinander, und zugleich spielt man den anderen gegenüber den starken Mann. Den Tschechen erging es nur scheinbar besser als den Deutschen und den Juden: Im cisleithanischen Teil Österreich-Ungarns waren sie die Minderheit gegenüber den österreichischen Deutschen, und spätestens seit Beginn der dreißiger Jahre stellten sie die Minderheit angesichts der unzähligen Bedrohungen, die sie umgaben. Nach dem Münchner Abkommen sorgten nicht nur die Deutschen, sondern auch die Polen und die Ungarn dafür, daß sie nicht zu kurz kamen. Und Prag lag als entblößter Nerv inmitten des häßlichen Geschehens.

Hier gab es kaum jemanden, der nicht einer Minderheit angehörte, überall waren Grenzen, nicht selten gänzlich unsichtbare, die aber ebenso bedrückten und drohten. Jeder fürchtete sich vor einer Übermacht. Prag war die Verkörperung dieses »Minderheitentums« und so ein Modell für die Entfremdung des Menschen in der modernen Zeit, die keine universelle christliche Menschheit mehr kennt, die sich zum Evangelium der Liebe bekennen würde, sondern nur Staaten und Nationen, Minderheiten und Ghettos, Beschränkungen und Grenzen, Schanzen und Mauern – Macht und Übermacht. Auch wenn sie nicht immer sichtbar sind, sind sie um nichts weniger wirklich.

Der schon erwähnte F. X. Šalda hat behauptet, die deutschen Literaten hätten »den besonderen äußerlichen Charakterzug Prags eher und besser erkannt als die tschechi-

1937 – F. X. Šalda (1867–1937, namhafter Literaturkritiker und Essayist, der vor allem in der »Bunten Woche« schrieb)

schen«. Durch ihre Ausnahmestellung sei gerade ihr Blick geeigneter gewesen für die Wahrnehmung der Unterschiedlichkeit, des Exotischen an Prag als eines herrlichen, künstlerischen Denkmals, an dem so viele Hände gearbeitet haben. »Ich erinnere mich«, sagte er einmal, »daß die deutsche Schriftstellerin Hauschner schon vor Jahrzehnten Prag die Stadt der größten Schönheit unter der Sonne genannt hat: nur sollte man sie verschütten wie Pompeji oder Herculaneum, damit die Menschen sie nicht verderben [...] für uns Tschechen jedoch ist Prag nicht ein totes kunstgeschichtliches Objekt, sondern Kampfplatz leidenschaftlicher Lebenskämpfe [...]« Daß Prag Kampfstätte war, obwohl die Kriege praktisch an ihm vorbeigezogen waren, ist leider tatsächlich unübersehbar. Ein wenig des konservierenden Vulkanstaubs hätte der Stadt nicht geschadet. Statt dessen zerfrißt heute eine Rekordimmission aggressiver chemischer Stoffe ihre steinerne Schönheit, so daß man sie gern unter eine riesige Glocke stellen würde.

Zu Beginn dieses Kapitels haben wir Oskar Wiener zitiert, der den Fluch der Abhängigkeit deutscher Literaten in Prag von dem geschlossenen Milieu einer sprachlichen Enklave beobachtet hat. Wer hier nicht »hinter der Mauer schritt« und den »Weg zum lebendigen Leben« nicht verachtete, der mußte »eintauchen in

die Flut fremder Nationalitäten, sich seine Anregungen und die Stimmung seiner Werke vom tschechischen Charakter holen, der ihn auf befruchtende Weise umgab«.

Das Bemühen, Kontakt mit der tschechischen Umgebung zu knüpfen, blieb jedoch bei der Mehrheit der deutschen Schriftsteller ohne Erfolg. Ihre Versuche kehrten sich daher häufig in eine freiwillige oder unfreiwillige Flucht aus Prag um. Das erste, aber häufig auch letzte Band blieb oft eine Liebesbeziehung zu einer tschechischen Frau.

Eisner hat vor dem Krieg darüber ein ganzes, bemerkenswertes Buch unter dem Titel »Die Geliebten« geschrieben: »Indem er eine Frau sucht, sucht der deutsche Dichter einen Weg aus dem Ghetto, einen Weg aus dem Schrecken« und »Die tschechische Frau hat sich das erhalten, was das Hauptattribut der Slawin ist: ungebrochene Triebhaftigkeit, reichhaltige Sinnlichkeit, den Zauber des Liebreizes, die Magie des Geschlechts«.

Aber nicht nur die tschechischen Geliebten, auch die tschechischen Dienerinnen oder Kindermädchen waren eine befreiende Erfahrung für die Literaten, die sich danach sehnten, dem Ghetto zu entrinnen. Durch diese Frauen nahmen die deutschen Literaten das tschechische Element in einem ein wenig vereinfachenden Lichte wahr, als etwas wesenhaft Gutes, Unkompliziertes, Frommes, Ursprüngliches. Tschechische Frömmigkeit sehen sie als eine naiv barocke Frömmigkeit und die Welt »jenseits der Mauer« idealisierten sie ein wenig, wie dies unter diesen Umständen nicht anders zu erwarten war.

Am markantesten ist das Thema der einfachen tschechischen Frau bei Franz Werfel. Sie ist die zentrale Gestalt zweier seiner Romane – »Barbara oder die Frömmigkeit« (1929) und »Der veruntreute Himmel« (1933). Der erste Roman gleicht einer Hymne auf seine Amme Babi »als verkörperter Mythos einer leistungsfähigen Liebe, heiliger Einfalt, heiliger Frömmigkeit, als einzige unwandelbare Gewißheit der Welt, als Schutzengel und Heilige Gottes« (Eisner). Im zweiten Roman erzählt Werfel von der tschechischen Köchin »Tante Linková«, die auf Grund ihrer Frömmigkeit Opfer eines Betruges wird.

Seine Frauengestalten stattete Werfel mit einer natürlichen Würde und Weisheit, mit Liebe und Verständnis aus. Die tschechischen Frauen Barbara und Tante Linková sind so offensichtlich Vorgängerinnen des französischen Mädchens Bernadette Soubirous aus seinem bekanntesten Buch »Das Lied von Bernadette«.

Der Kontrast zwischen den frommen und verständnisvollen, ungebildeten Frauen vom Lande und den gefühllosen und unliebenswürdigen Angehörigen der gebildeten Mittelschicht ist in

Franz Werfel

der europäischen Literatur nichts Neues: Im Prager Milieu wurde er jedoch mit außergewöhnlicher Schärfe und Dringlichkeit empfunden und ausgedrückt. Die literarische Abbildung der tschechischen Frauen bei den Pragerdeutschen Schriftstellern ist so allerdings vielmehr ein Querschnitt durch ihre Fieberträume über die Flucht aus der Abgeschlossenheit ihrer Welt als ein reales Bild der tschechischen Wirklichkeit.

Man kann Werfels Dichterfreund nicht unerwähnt lassen, dessen Geist ebenfalls der slawischen Welt, der »slawischen Seele« offen entgegengekommen ist: den Lyriker Rainer Maria Rilke, der die Nichte des tschechischjüdischen Dichters Julius Zeyer liebte. Aus Prag schöpfte er das »Erlebnis des Barock« und akzeptierte alle Geschenke dieser Symbiose zwischen heiliger Einfalt und Dichtertum. Seine Gedichtsammlung »Larenopfer« ist durch und durch kitschig »tschechisch«: eine bemühte Apologie des »einfachen« Tschechenvolkes. Er thematisierte das tschechische Lied und die tschechische Musik als Verkörperung der Landschaft. Doch um zu dem Dichter werden zu können, der das ehemalige Österreich schließlich verließ und nach Deutschland ging, mußte er den Rahmen der »erhabenen Heimatkunst« sehr bald sprengen.

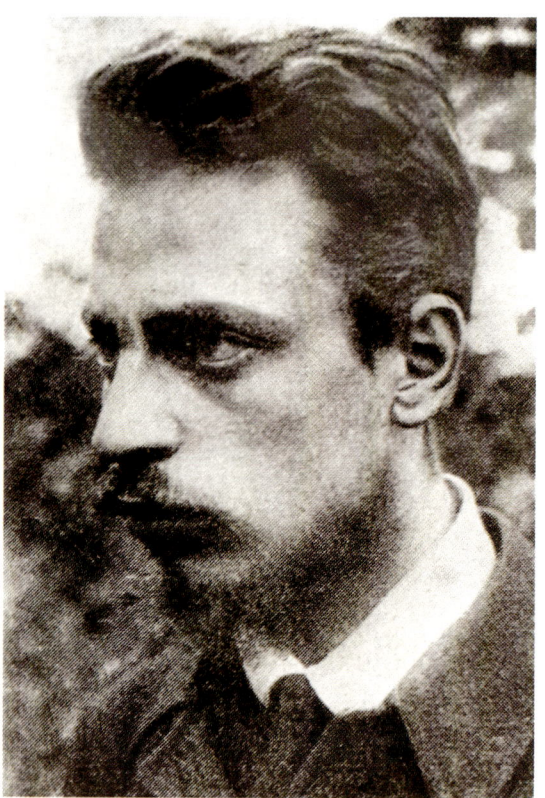

Rainer Maria Rilke

Doch die tschechische Welt allein ist nicht das Hauptthema in den Werken deutscher Literaten in Prag. Trotzdem wird das tschechische Thema, sei es in der Form von Reminiszenzen an die Vergangenheit oder in Versuchen, tschechische oder tschechisch-deutsche Realien zu erfassen, stets positiv aufgegriffen. Nationale Feindseligkeit findet man nirgends. Es zeigt sich, daß auch in diesem sonst überhitzten Gefühlskessel sich wahre Literatur, also nicht die sekundäre Schreiberei, und Chauvinismus ausschließen. Der mystische Nationalismus eines Jirásek oder der bierselige Chauvinismus eines Strobl entbehren jeder Kunst.

Eisner schließt seine Einführung zu einer Auswahl aus der deutschen böh-

mischen Literatur mit folgenden Worten: »Der Herausgeber konnte feststellen, daß zwar nicht jeder Pfuscher ein Chauvinist war, doch jeder Chauvinist ein Pfuscher...«.

Unerläßlich ist es, in diesem Kapitel Thomas Mann zu erwähnen. Er war zwar kein Prager, doch einige Jahre tschechoslowakischer Staatsbürger, genau wie sein Bruder Heinrich, seine Tochter Erika, sein Sohn Klaus und wie Hunderte anderer demokratisch orientierter Deutscher.

Nach der Machtergreifung Hitlers wurde die Republik Asyl für Zehntausende deutscher Flüchtlinge. Man floh zwar auch nach Schweden oder Norwegen, die Schriftstellerin Ruth Seydewitz sagt aber über diese Länder, in die sie nach dem Münchner Abkommen ging: »Materielle Sorgen gab es weniger. Und doch sind uns diese beiden Asylländer nicht zur Heimat geworden; wir sehnten uns nach dem zwar schwierigeren, doch menschlich oder politisch reicheren Leben in Prag.«

Die deutschen Emigranten bildeten in der Tschechoslowakei keine Enklave, sie lebten nicht in der Isolation, wie in der Mehrzahl diejenigen in den übrigen Asylländern, sondern sie konnten in das heimische Kulturleben integriert werden. Für die deutschen Emigranten existierte hier keine Sprachbarriere, es gab deutsche Verlage, Schulen, Theater, und es erschien eine deutsche Presse, die das ganze Spektrum des politischen Lebens des Landes widerspiegelte – insgesamt 173 Blätter.

Die Tschechoslowakei war in diesen Jahren das einzige Land Mittel- und Osteuropas, in dem die demokratische Ordnung erhalten geblieben war, und in dem sich die Mehrheit der Intellektuellen und ein bedeutender Teil der Vertreter des politischen Lebens mit denen solidarisch erklärte, die das Dritte Reich verlassen mußten, die dort verfolgt wurden. Im Jahre 1935 verzichtete Präsident Masaryk auf eine Kandidatur für den Friedensnobelpreis, und das zugunsten des deutschen Publizisten Carl

von Ossietzky, Häftling im Konzentrationslager Papenburg-Esterwegen. Diese Geste, mit der die Mehrheit der Bürger sympathisierte, die sonst im allgemeinen hinsichtlich Ehrungen ihrer Repräsentanten höchst begierig waren, sollte Ossietzky das Leben retten.

Es entstanden eine ganze Reihe von Komitees, Fonds und Stiftungen, es wurden Sammlungen veranstaltet, und das alles mit dem Ziel, den deutschen Emigranten nicht nur das nackte Leben zu retten, sondern ihnen auch ein aktives Leben zu ermöglichen. Dieser Einsatz der Intellektuellen war für europäische Verhältnisse in seiner Intensität durchaus überdurchschnittlich. In Prag fanden eine

Josef Pekař 1934

85

Reihe gemeinsamer Ausstellungen, Vorlesungen und kultureller Abende statt, deutsche Redaktionen und Verlage, die in ihrer Heimat nicht mehr wirken konnten, zogen nach Prag um. Einige Zeitungen und Zeitschriften wurden sogar hier erst gegründet. Es war eine lichte Zeit der tschechisch-deutschen Beziehungen, und es ist äußerst bedeutsam, daß sie gerade der tschechisch-deutschen Katastrophe voranging: In den letzten Jahren ihrer Existenz bewies die Tschechoslowakei, daß sie trotz aller Zweifel und aller Inkonsequenz den Deutschen gegenüber keinen Haß nährte. Zusammenleben und Zusammenarbeit waren das Gebot der Stunde.

Die emigrierten deutschen Schriftsteller fühlten sich in der Tschechoslowakei nicht unwohl. In der »tschechischen« Tschechoslowakei wohlweislich, nicht in der »deutschen«. Heinrich Mann bewarb sich zunächst um Heimatrecht in Reichenberg, das jedoch langsam zum faschistischen Zentrum der Henlein-Partei wurde. Die Entscheidung über sein Gesuch verschob man hier auf unwürdige Weise, bis er es selbst zurückzog – um darauf sogleich Angebote von tschechischen Gemeinden zu bekommen. Er ersuchte um Heimatrecht im Flekken Proseč, der ihm augenblicklich entsprach und so die ruhmvollste Seite in seiner Geschichte schrieb. In Marseille legte der Schriftsteller gegenüber dem tschechoslowakischen Konsul den Eid ab, ohne die Worte zu

kennen, die er wiederholte. Heinrich Mann schrieb im Jahre 1947: »Meine gerührte Achtung gehört der Tschechoslowakischen Republik. Hier ist ein Staat, der, weit und breit in feindlicher Umgebung sich selbst überlassen [...] trotzdem nichts von seiner moralischen Größe verloren hat [...] Wir, das ganze verfolgte Deutschland [...] waren einzig in diesem Land nicht nur geduldet: Prag nahm uns als seine Verwandten auf. Wie nahe Verwandte, das sollte in allem Schrecken das Jahr 1938 bestätigen.«

Richard Weiner, langjähriger Pariser Korrespondent der »Lidové noviny« – starb am 3. 1. 1937 in Prag.

Solche und ähnliche Zitate, in denen der Tschechoslowakei und besonders Prag Dank ausgesprochen wird, gibt es im Überfluß, was nicht heißen soll, daß es nicht auch äußerst empörte Stimmen dagegen gab. Der Večer (Abend), das Blatt der mächtigen Bauernpartei, schrieb: »Nicht einmal unter Österreich wurde in Prag derart ›gedeutscht‹ wie jetzt« und »Für Emigranten, Hetzer und Abtrünnige wird Fleisch ausgegeben, und für unsere Leute reicht es häufig nicht einmal zum Brot!«. Einzelne Emigranten wurden aus der Tschechoslowakei ausgewiesen, andere mußten für einige Zeit sogar in Haft. Schließlich erlagen auch offizielle Stellen der Angst vor Spionen, die im übrigen gar nicht so unsinnig war, wie sich später zeigte, als Hitler die Sudeten und schließlich den Rest des Landes besetzte.

Das Innenministerium entschied, die neuen Emigranten sollten in einigen Landkreisen auf der Tschechisch-Mährischen Hochebene konzentriert werden, und auch diejenigen, die schon anderswo angesiedelt waren, sollten allmählich dorthin gebracht werden. Schließlich wurden jedoch nach erheblichen Protesten der tschechoslowakischen demokratischen Öffentlichkeit diese Maßnahmen auf ein Minimum reduziert, und es kam zu keiner erzwungenen Verschickung.

Die stellte sich in Form einer Massenflucht nach dem Münchner Abkommen ein. Man floh nach England, den USA, Schweden, Norwegen usw. Die vielversprechendsten Jahre des tschechisch-deutschen Zusammengehens endeten abrupt ohne Verschulden der Beteiligten.

Wir wollen dieses Kapitel wagemutiger Verallgemeinerungen des so schwer zu erfassenden Spektrums der Wirklichkeiten mit zwei flüchtigen Skizzen zweier deutscher Prager Schriftsteller beschließen. Jeder von ihnen hat die Stadt ganz anders gesehen, doch für beide wurde sie zum Schicksal. In der Spannung ihrer Visionen liegt die Tragödie.

Paul Leppin starb einen Monat vor dem Ende des Zweiten Weltkriegs. Sein Prag, die Stadt der Tschechen, Deutschen und Juden, überlebte ihn nicht. Die Schicksale des Dichters und der Stadt dreierlei Volkes ähnelten sich auf bemerkenswerte Weise. Gleich darauf versanken sie in Vergessenheit.

Wir erinnern auch an den Dichter, weil am Vorabend des Kriegsausbruchs geschrieben wurde: »Die Verse Paul Leppins warten auf den Leser des Jahres 1988.« Das heißt hundert Jahre seit seiner Geburt. Ludwig Winder schrieb damals in der Prager Presse: »Wirkliche Dichter leben nicht um ihrer eigenen Existenz willen. Sie leben nicht einmal für ihre Zeitgenossen. Viel später jedoch wird jemand ein dünnes Bändchen öffnen, und die Tür des Lebens öffnet sich für beide, für den stummen Sprecher, wie auch für den stummen Zuhörer: Dann ist es nicht mehr Ruhm, sondern etwas Größeres: Unsterblichkeit.«

Öffnet sich schon die Tür? Im Jahre 1984 erschien bei Langen-Müller Leppins Roman »Blaugast« mit dem Untertitel »Ein Roman aus Prag«, herausgegeben aus dem Nachlaß des Dichters, der im tschechischen Archiv des Strahover Denkmals des nationalen Schrifttums in Prag aufbewahrt wird. Sein Herausgeber allerdings war weder Tscheche noch Deutscher, sondern amerikanischer Professor.

Leppin erlebte die Macht, die Prager in Ghettos jagte. Ein Deutscher unter Tschechen, ein deutscher Literat unter der jüdischen Mehrheit deutsch schreibender Autoren, ein Mensch, den jeglicher Chauvinismus anekelte, ein Mensch in der Flut des sudetendeutschen Elements, das wiederum die Versöhnlichkeit der Prager Deutschen angeekelt hatte, Widersacher des Nazismus und Bürger eines bedrohten Staates. Weil er darüber hinaus sehr häufig für einen Juden gehalten wurde, und auch wegen seiner freundschaftlichen Haltung gegenüber den Tschechen bekannt war, wurde Leppin im Jahre 1939 festgenommen und ins Gefängnis geworfen. Ein Mensch wie er konnte seine Stadt nicht überleben. Nach der Entlassung verschlechterte sich sein Gesundheitszustand rapide, bis ihn letztendlich der Tod einen Monat vor Kriegsende erlöste.

Welches Prag erlebte und beschrieb er? Voneinander abweichende Zeugnisse davon geben seine tschechischen und deutschen literarischen Freunde und Kollegen. Der Tscheche Fráňa Šrámek, ein Lyriker der begierigen, aber immer auch schmerzerfüllten Jugend, Anarchist, der aus der Stadt in die lyrisierte Landschaft entfloh, sah Leppin und sein Prag folgendermaßen: »Prag explodiert für ihn nicht in brodelndem, mittäglich durchsonntem Lärm, eine vereinsamte Laterne wirft den überlangen Schatten eines irren den Fußgängers; unerwartet leuchtet ein Fenster hell in die Nacht und verrät ein Geheimnis. In einem solchen Nebeldunst verlieren natürlich die Gestalten ihre festen Umrisse; das Geschehen entwickelt sich wie im Traum...« Šrámek fügt hinzu: »Und dann darf man nicht vergessen, daß Paul Leppin einer jener Deutschen ist, bei denen wir wirklich nicht daran denken, daß unter den Völkern irgendwelche feindlichen, trennenden Merkmale existieren könnten.«

Warum sah Leppin Prag gerade in dieser Weise? Woher nahm er mit seinen begierig witternden Sinnen all die Gifte seiner Geburtsstadt in sich auf? Dieser Rechnungsführer einer Postdirektion war der ungekrönte König der Prager deutschen Bohème, der die Bourgeois mit extravaganter und eleganter Kleidung schockierte, mit ironischen und bösar-

tigen Kabarett-Liedern, die er selbst
komponierte und sang.

All das geschah in den ersten Jahren
dieses Jahrhunderts, als die Prager
deutsche Literatur ihre Höhepunkte
erreichte. Leppins Roman »Daniel Je-
sus« (1905) gehört in die Linie des
europäischen Satanismus, wie sie um
die Jahrhundertwende Joris-Karl
Huysmans, Stanislaw Przybyszewski
und von den Leppin am nächsten ste-
henden Prager Tschechen Jiří Karásek
von Lvovic darstellten. Ein Buch, in
dem es mehr um den Stil als um den
Inhalt ging. In ihm flossen Symbolis-
mus, Impressionismus, Jugendstil und
Expressionismus ineinander. In Prag
verfehlte das Buch seine Wirkung,
und Paul Leppin trug sich eine Weile
mit dem Gedanken, von hier fortzuge-
hen – so wie seine Freunde Gustav
Meyrink, Richard Teschner, Hugo
Steiner, Viktor Hadwiger und Alexan-
der Moissi gegangen sind. Alle Literaten des deutschen und jüdischen Prag,
die es nicht schafften, waren von Zeit
zu Zeit versucht, die Stadt, die sie
lockte und zugleich abstieß, die sie
gleichermaßen liebten und haßten, zu
verlassen. »Mein tiefstes Erlebnis
bleibt Prag. Seine Widersprüchlich-
keit, sein Geheimnis, sein rattenfänge-
risch Verführerisches...«, schrieb
Leppin einst.

Severin aus dem Roman »Blaugast« ist
ein solcher Gefangener. Die von ihrer
Vergangenheit beschwerte Stadt ist für
ihn Kerker. Ein tschechischer Rezen-
sent meinte zu dem Buch: »Prag ist

*Ferdinand Peroutka gründete die Zeitschrift
»Přítomnost« (»Gegenwart«) und Präsident Masaryk schenkte ihm als Grundlage fünfhun-
derttausend Kronen. »Přítomnost« war wohl die
wesentlichste tschechische (kulturpolitische)
Zeitschrift. Sie hatte 1929 eine Auflage von
4500, zwischen 1939 und 1942 1000. Auch Masaryk schrieb anonym für das Blatt, unterstützte
jedoch auch die »oppositionelle« Zeitschrift
»Čin« (»Die Tat«).*

*Peroutka war der Spiritus rector von »Přítom-
nost«, allwöchentlich bereitete er 16 Seiten im
Quartformat vor, las und redigierte alle Bei-
träge, und er verstand es zu redigieren! Mindestens zu jeder zweiten Nummer schrieb er den
Leitartikel.*

*Grundsätzlich verfaßte er auch jede Woche den
Leitartikel für die Sonntags- oder Montags-
Nummer der »Lidové noviny«. Wöchentlich gab
er 32 Seiten seines in Arbeit befindlichen Werkes
»Budování státu« (»Der Aufbau des Staates«) in
Druck, er war bei allen Ereignissen dabei, be-
suchte Cafés und Lokale, diskutierte, spielte
Mariage.*

*Peroutkas »Aufbau des Staates« erreichte sechs
Bände, in denen er Begebenheiten vom Zerfall
der österreichisch-ungarischen Monarchie bis
zum Jahre 1922 festhielt. Dieses Werk ist von
erstaunlicher Objektivität und blieb bisher un-
übertroffen. Der beginnende Faschismus im be-
nachbarten Deutschland und die Reaktion der
Deutschen im Lande hinderten Peroutka an der
Fertigstellung seines Werkes.*

hier wichtiger als der junge Herr Severin selbst, weil es jene Umgebung schafft, jene Atmosphäre, angefüllt mit Melancholie und zerstörerischer Erotik, die Severin als bloßes passives Objekt vergiftet.«

Andere Rezensenten warfen dem Buch »pathologische Einseitigkeit« vor. Sogar Karásek ze Lvovic, der geradezu ein Patent auf Dekadenz hatte, schrieb:

»Der Autor bemüht sich, bis in das feinste Beben hinein die Seele der Stadt zu erfassen. Doch sie spüren immerzu, daß er durch die Straßen Prags als ein Fremder irrt, der nicht die geringste Beziehung zu dieser Stadt hat [...] er kennt nur das Prag der Gegenwart.«

Der tschechische Kampfdichter Viktor Dyk schrieb über das Buch, es sei »ein bemerkenswertes Dokument aus dem Leben der Prager deutschen Minderheit – der deutschen und der jüdischen Minderheit. Sie schuf sich ein Leben, doch es ist kein Leben; sie schuf sich eine Welt, doch es ist keine Welt, ja nicht einmal eine Halbwelt. Sie schuf sich Menschen – doch es sind keine Menschen, sondern Karikaturen. In allem, was sie produzieren, ist die gewaltsame Grimasse, Widernatürlichkeit, Unnatürlichkeit [...] Das Buch erfaßt das Detail, den Charakterzug, die Geste: Das Leben jedoch entschlüpft ihm [...] Er wird nie das echte Prag begreifen. Von der Größe erfaßt er nur das Barocke, vom Geiste bloß die Maske.«

Aber wie ist es, das »echte Prag«? Ist das tschechische Prag unkompliziert und damit eindeutig tschechisch? »Ein Leben, das keines ist, eine Welt, die nicht einmal mehr Halbwelt ist« – all die »Karikaturen anstelle von Menschen« sind aus Prag definitiv verschwunden, aber ist das Gebliebene das »echte Prag«? Und tatsächlich sind auch die »stöhnenden Gräber« verschwunden: Max Brod nämlich hat in einem anderen Zusammenhang über Leppin geschrieben, die Stadt erscheine bei ihm als »in das nächtliche Dunkel hineinstöhnende Gräber«.

Prag – echt oder unecht – hatte in Leppin seinen programmatischen Vermittler. Ähnlich wie Max Brod, Rudolf Fuchs, F. C. Weiskopf, Egon Erwin Kisch oder Franz Werfel bemühte sich auch er, die Barriere der nationalen und sozialen Isolation zu überwinden und publizierte auch in tschechischen Zeitungen. Er referierte über neue Bücher deutscher und österreichischer Autoren, insbesondere aber über deutsch schreibende Autoren aus den böhmischen Ländern, sowie über Schauspiele, die im Neuen Deutschen Theater in Prag aufgeführt wurden. In derselben Weise informierte er die deutsche Öffentlichkeit über die zeitgenössische tschechische Literatur und Kultur.

Die »Lidové noviny« (Volkszeitung), das Blatt der politischen Mitte um Masaryk, bezeichnet Leppin als jemanden, der »die geistige und seelische staatsbildende Symbiose dichterisch vorweggenommen und verwirklicht hat« und sprach ihr Bedauern aus, daß er bislang nicht für würdig befunden wurde, einen Staatspreis zu erhalten. Wir wollen hier allerdings nicht über die literarische Qualität von Leppins Werk streiten, sondern der Überzeugung Ausdruck geben, daß zum »echten« Prag auch die Gefühle der Ungewißheit und Existenzangst gehörten — nicht mehr, nicht weniger.

Johannes Urzidil, den die Kritik als den »letzten großen deutschen Dichter Prags« bezeichnet, hat die Tragödie der Stadt überlebt. Er verließ sie erst 1939, und lebte in den USA bis zu seinem Tod 1970. An die letzten Monate in Prag erinnert er sich in einer Erzählung: »Der Zustand der Angst ist der niedrigste, jämmerlichste Grad der Seelenstimmung. – Ich habe mich kaum zu Hause aufgehalten, denn Zuhause bedeutete Erreichbarkeit [...] Auf meinen Spaziergängen wich ich den Hauptstraßen aus, denn manche, die mich kannten und jetzt der Gewalt dienten, hätten mich dort treffen und anzeigen können. – Ich spazierte auf Friedhöfen, in den Labyrinthen der Grabmäler und Gräber konnte man noch am ehesten unauffällig bleiben. – Ich ging auch ins Kino, dort in der Dunkelheit, unter einigen hundert Leuten, konnte man zwei Stunden anonym bleiben. – Ich ging nicht einmal mehr in Kirchen.«

So endete sein Traum vom freundschaftlichen Zusammenleben der Tschechen und Deutschen, um das er sich sein ganzes Leben lang bemüht hatte, im Labyrinth der Grabmäler und Gräber. Er hatte in der Brünner expressionistischen Zeitschrift, deren Redakteur er war, wie andere tschechische und deutsche Autoren zu publizieren begonnen. Urzidil teilte nicht die Ansicht einer Reihe von Literaturhistorikern, die die Deutschen in Böhmen für ein stagnierendes Element hielten, einen Eisberg, der langsam im tschechischen Meer auftaut. Das Zusammenleben der Tschechen mit den Deutschen hielt er für eine Quelle außerordentlicher Inspiration. Er behauptete, die Stadt Prag habe eine eigenartige vereinheitlichende Atmosphäre, besonders für die, die dort geboren seien. Er bewies das damit, daß nur selten auf so engem Raum so viele bedeutende Menschen wie im Prag der Jahre 1912 bis 1924 auftraten.

Er selbst sprach fließend tschechisch und deutsch, pflegte Freundschaften mit Tschechen wie mit Deutschen, und die nationale Frage löste er durch die Freundschaft zu großen Persönlichkeiten der tschechischen Kultur. Er hatte Kontakt mit den Brüdern Čapek, mit dem Dramatiker František Langer, mit Jaroslav Hašek, dem Germanisten Otokar Fischer, mit dem Maler Jan Zrzavý (er publizierte eine Monographie über ihn), mit Petr Bezruč und vielen anderen. Er war auch mit T. G. Masaryk persönlich bekannt.

Immer war er der Ansicht, Prag sei eine literarisch fruchtbare Umgebung, insbesondere für die deutschsprachigen Prager Schriftsteller, denn die »hatten Zugang zu mindestens vier Quellen: selbstverständlich zum Deutschtum, zu dem sie kulturell und sprachlich gehörten; zum Tschechentum, das sie überall umgab und ihre Lebensbedingungen formte; zum Judentum, und zwar auch dann, wenn sie selber keine Juden waren, weil das Judentum den historischen, überall sichtbaren Faktor der Stadt mitgeschaffen hatte; und zum Österreichischen, in dem sie alle geboren und erzogen worden waren und das sie schicksalhaft mitbestimmt hat, ob sie nun mit ihm übereinstimmten oder sich davon distanzierten«.

Urzidil stammte aus der Familie eines deutschen Eisenbahnbeamten, der eine Witwe jüdischen Bekenntnisses mit sieben Kindern geheiratet hatte.

Als der Junge vier Jahre alt war, starb die Mutter. Der Vater heiratete eine Tschechin aus einer Kleinstadt, obwohl er die Tschechen nicht besonders mochte und selbst nicht tschechisch sprach. Den Sohn erzog er katholisch. Johannes sang in der Kirche, war Meßdiener und heiratete später die Tochter eines Prager Rabbiners. Mit dreißig Jahren wurde er Mitglied der Freimaurerloge Harmonie, dann Pressereferent an der deutschen Botschaft in Prag. Mit Beginn des Faschismus legte er sein Amt nieder. Allein diese grundlegenden biographischen Daten weisen auf die kaleidoskopisch faszinierende Breite der lebensbestimmenden Einflüsse hin.

Im Jahre 1922 gründete Urzidil zusammen mit Oskar Baum und Ludwig Winder den Schutzverband deutscher Schriftsteller in Prag, der später aktiv gegen die nationalsozialistische Gefahr antrat.

EPILOG

Prag – die Stadt der friedlichen, ja kreativen Koexistenz? Man darf nicht vergessen, daß es auch der Ort des Aneinander-Vorbeigehens und der Trennungen war. Während des letzten Krieges hat sich die Anzahl der Deutschen in Prag vervielfacht, doch es waren ganz andere Deutsche. Sie nämlich waren überzeugt, hier eine historische Mission zu erfüllen. Zunächst mit geringerer, dann immer größerer Entschiedenheit unterdrückten sie alle, die sich zum Tschechischen bekannten. Gleich von Anfang an jedoch begannen sie in aller Entschiedenheit die sogenannte jüdische Frage zu lösen. Und so geschah es, daß die Deutschen Prag den größeren Teil seiner Deutschen nahmen.

Die Prager Deutschen selbst waren keine begeisterten Anhänger des deutschen Nationalsozialismus. Die nationale Erregung konnte sich ihrer auch nach dem Einmarsch Hitlers nicht bemächtigen. Sie ahnten, was auf sie alle zukommen würde. In Prag konnte man wohl besser als anderswo ahnen, wann eine Katastrophe nahte. Deshalb gelang es hier wohl auch mehr Menschen, vor dem nationalsozialistischen Terror zu fliehen als anderswo.

Der größere Teil derjenigen, die resignierten, wurde durch die Nazis vertrieben. Trotzdem stieg hier die Anzahl der Deutschen an, und schließlich wurden hier an die hundertfünfzigtausend heimisch. Vorwiegend waren es die Verwalter verlassener jüdischer Besitztümer, Kriegsgewinnler, Soldaten, Polizisten und andere Beamte. Vom Gesichtspunkt der bewegten Prager Geschichte der letzten Jahrzehnte aus kam es hier zu einem ironischen Paradoxon: Die Sudetendeutschen, die Prag jahrzehntelang beunruhigt hatten, wurden als rassisch nicht rein genug befunden, um sich des Werks der Eroberer annehmen zu dürfen. Sie waren zu sehr mit dem tschechischen Element vermischt — und bluteten an der Front.

Überall sonst in den europäischen Metropolen siedelten sich die Besatzungsbehörden in mehr oder weniger abgeschlossenen »Regierungsvierteln« an. In Prag leben sie fast über die ganze Stadt verstreut, in beschlagnahmten Wohnungen, in denen zuvor tschechische und deutsche Juden lebten. Schon 1940 formierten sie sich zu einer Art paramilitärischen Organisation mit dem Ziel, sich auf einen eventuellen Aufstand vorzubereiten. Besondere Blockwarte hatten die Aufgabe, ihre Nachbarn auf den Straßenkampf vorzubereiten. Übrigens wurde gerade in Prag einer der Bluthunde Hitlers, der mit der »Endlösung« beauftragte Heydrich, getötet.

Nach Kriegsende kam eine jüdische Sondermission an die Moldau, um den Zustand der Gemeinde festzustellen und zu versuchen, ein neues Leben aufzubauen. Sie trafen auf die jämmerlichen Reste des Prager Judentums. Nur sieben Prozent der Verschleppten waren aus den Lagern des Grauens zurückgekommen. Soweit sie zurückgekehrt und geblieben waren, hatten sie lange nicht die Kraft, eine neue Gemeinschaft zu errichten. Man rechnete nicht einmal mehr mit einem Rabbi – und das in einer Stadt, die in der ganzen Welt für ihre alten Synagogen berühmt ist.
Die »Endlösung der Judenfrage« war nicht gelungen bzw. nicht in all ihren Konsequenzen gelungen, durch eine eigenartige Ironie des Schicksals gelang jedoch etwas anderes, nämlich konsequent die einzigartige Bevölkerungsgruppe der Prager Deutschen auszumerzen.
Als der Mai 1945 kam, klang alles Deutsche gleich, auch das eigenartige Prager Deutsch. Der Sinn für Nuancen war hoffnungslos verloren gegangen. Auch für die Nuancen des Rechts. Es begann die Zeit blinder Rache, der

Lynchjustiz auf offener Straße. Das Schicksal der Prager Deutschen jedoch ist längst vorher besiegelt worden. Das Karussell der Prager Ironie aber drehte sich weiter. Die rachsüchtigen Tschechen hatten damit ihr eigenes Schicksal besiegelt – wer weiß, für wie lange.

Doch an eines sollte man sich erinnern: Das tschechische Prag hat sich nicht aus eigenem Willen seiner Deutschen entledigt. Wenn wir heute, nach vierzig Jahren, über das tschechisch-deutsche Miteinander nachdenken, ist das jedoch nur ein schwacher, wenn auch notwendiger Trost. Wir wissen mit Sicherheit, daß das Geschehene nicht hätte geschehen sollen. Prag ist nicht mehr die Stadt friedlicher Koexistenz. Sie ist aber auch noch immer die Stadt der lebendigen Vergangenheit. Manchmal scheint es dem Prager Spaziergänger, am ehesten wohl an nebligen Herbstabenden, daß diese Vergangenheit intensiver wirkt als die Gegenwart. Das kann nur gelingen, weil die Gegenwart, insbesondere seit den letzten zwanzig Jahren, nicht allzu vital ist.
Wirklich, der abgenützten Stadt geht es am besten mit einem Hauch Nostalgie. Dann ist Prag für eine Weile wieder die Stadt dreier Völker, zweier Sprachen und einer bezaubernden Schönheit.

Laubengang am Kleinseitner Ring (vor 1918) ▷

DAS ALTE PRAG
IN BILDERN

Die Seilbahn auf den Laurenziberg

Das Denkmal des Feldmarschalls Radetzky auf dem Kleinseitner Ring um 1890

*Rechts:
Viertel unterhalb
des Wyschehrads –
Podskalí – vor dem
Abbruch, etwa
1890*

*In den alten Palä-
sten auf der Klein-
seite lebte die hohe
österreichische Bü-
rokratie, Aristokra-
tie, Mitglieder des
hochrangigen Offi-
zierskorps. Eine
Insel Wiens inmit-
ten Prags und
selbstredend wurde
hier Deutsch
gesprochen*

*1913 – Transport
der ersten und
größten Lokomo-
bile Wolfs, einer
Dampfmaschinen-
anlage, zum Aus-
stellungsgelände im
Königl. Wildgarten
(später und bis
heute Baumgarten
genannt). Aussteller
war Ingenieur Ště-
pan Jílek, Reprä-
sentant der Maschi-
nenfabrik Wolf,
Magdeburg,
Buckau*

Bau des Ufer-
Brückenpfeilers
der Franz-Josef-
Brücke, später
Brücke der Le-
gionäre, und
Abbruch der
ehemaligen
Kettenbrücke –
1896

Ansichtskarte
1901 – Ehren-
pforte vor dem
Kaiser-Franz-
Josef-Bahnhof,
aufgestellt aus
Anlaß des Be-
suchs Seiner
Hoheit Kaiser
Franz Josefs in
Prag

Das Prager Ghetto – 1902

Rote Gasse um 1900

*Enge –
Meiselgasse*

*Prager Ghetto
1902 –
Neuschul
(Synagoge) in
der Josefsgasse*

104

Emma Destinnová, die berühmteste tschechische Opernsängerin, als Emmy Destinn Mitglied der Hofoper Berlin – 1908

Rechts:
Nerudagasse
vor 1918

Der Altstäd-
ter Ring vor
dem Abriß
der Marien-
säule – vor
1918

Der Bild-
hauer J. V.
Myslbek mo-
delliert das
Pferd für die
Statue des hl.
Wenzel, des
Landes-
schutzpa-
trons, auf
dem Wenzels-
platz in Prag

106

Oben:
Turnfest 1912 –
die Deutschen

Turnfest 1912 –
die Amerikaner

108

Turnfest 1912 –
die Franzosen

»Die verkaufte Braut« in der Scharka, 1913

20 000 Sokolturner aus slawischen Ländern auf dem Altstadtring, am 30. Juli 1912

Turnfest – Freiübungen

Prager Burg – Pulverbrücke über den Hirschgraben vor 1918

Blick vom Pulverturm auf die Altstadt

Rechts oben:
27. Oktober 1918 –
Schlangen vor
den Lebensmit-
telgeschäften

Aus dem groß-
städtischen Prag:
Standplatz der
Prager Auto-
droschken auf
dem Wenzels-
platz – 1913

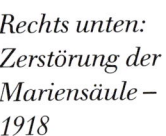

Rechts unten:
Zerstörung der
Mariensäule –
1918

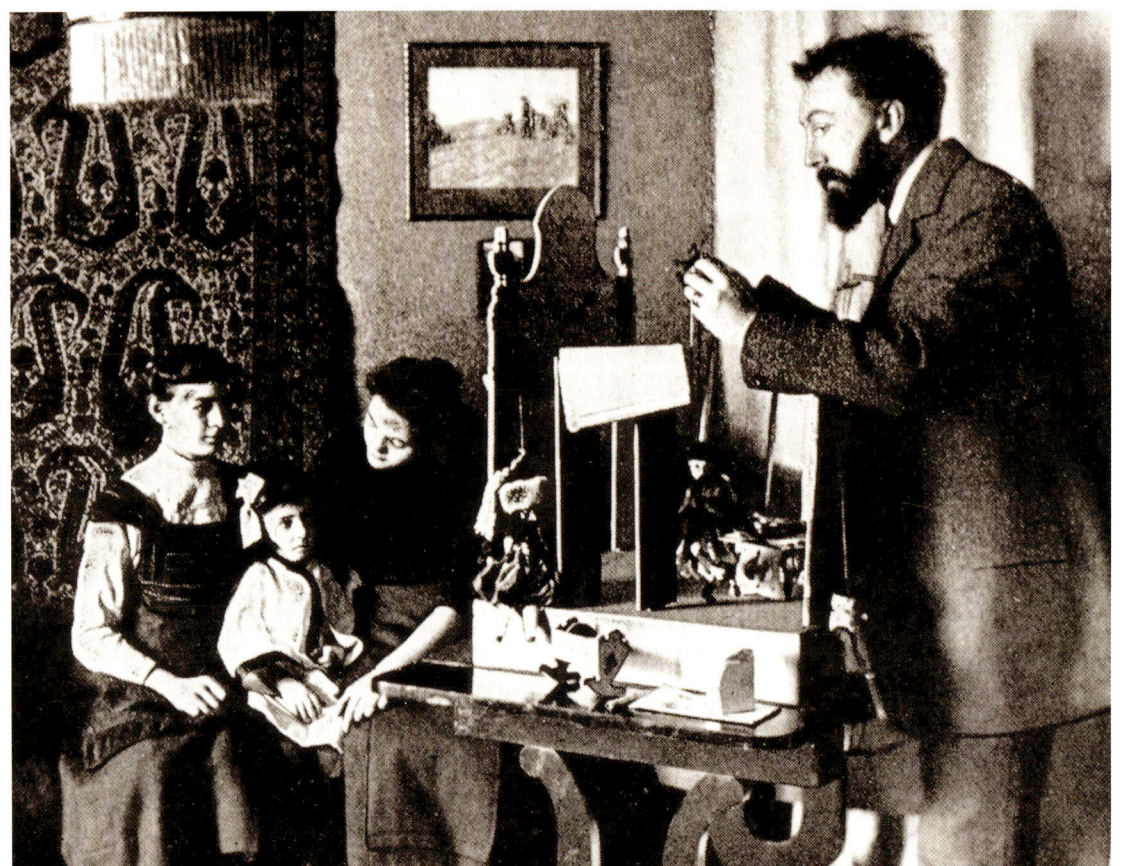

Tschechischer
Verein der
Freunde des Ma-
rionettentheaters
in Prag – der be-
kannte akademi-
sche Maler Kaš-
par spielt für sein
Töchterchen

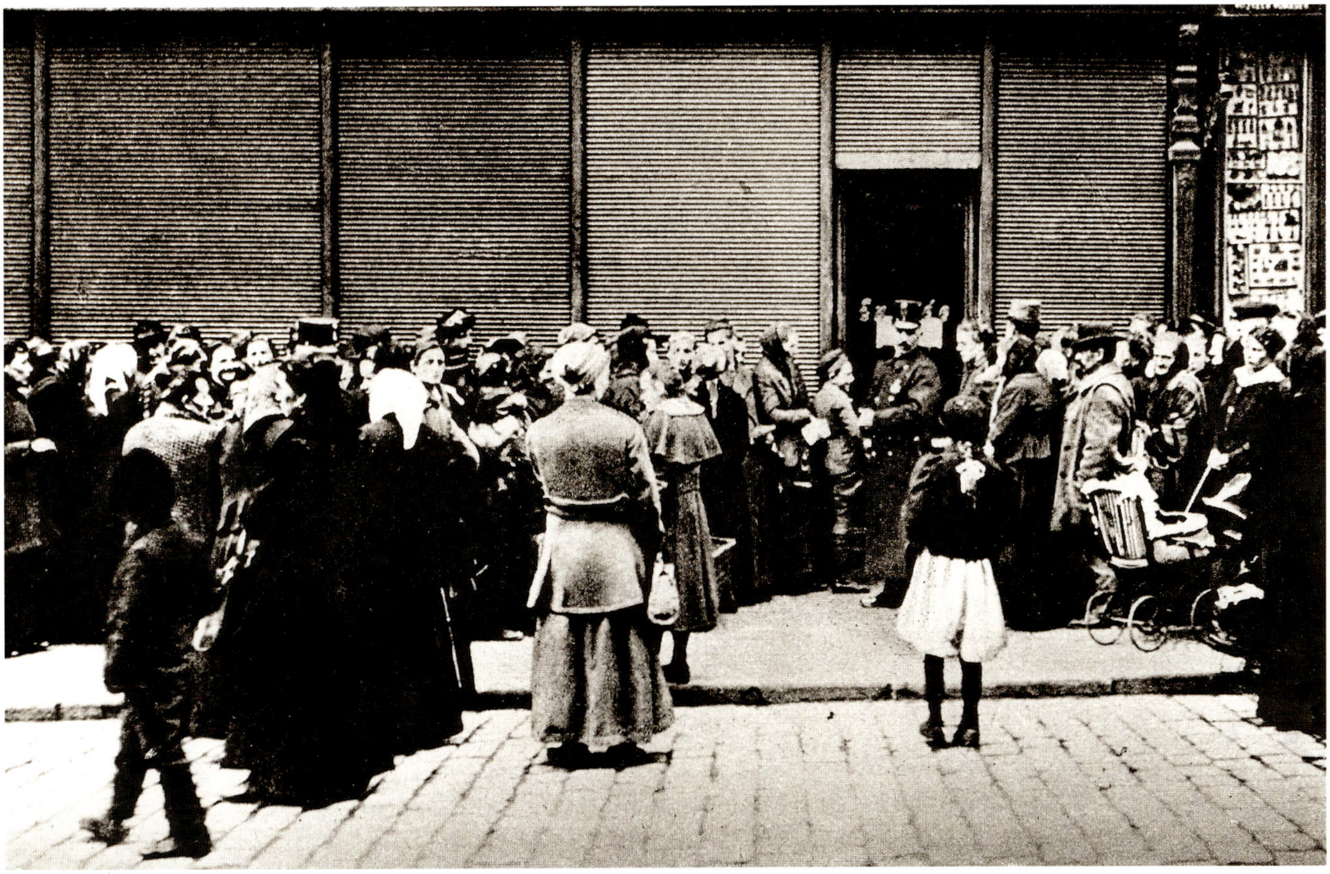

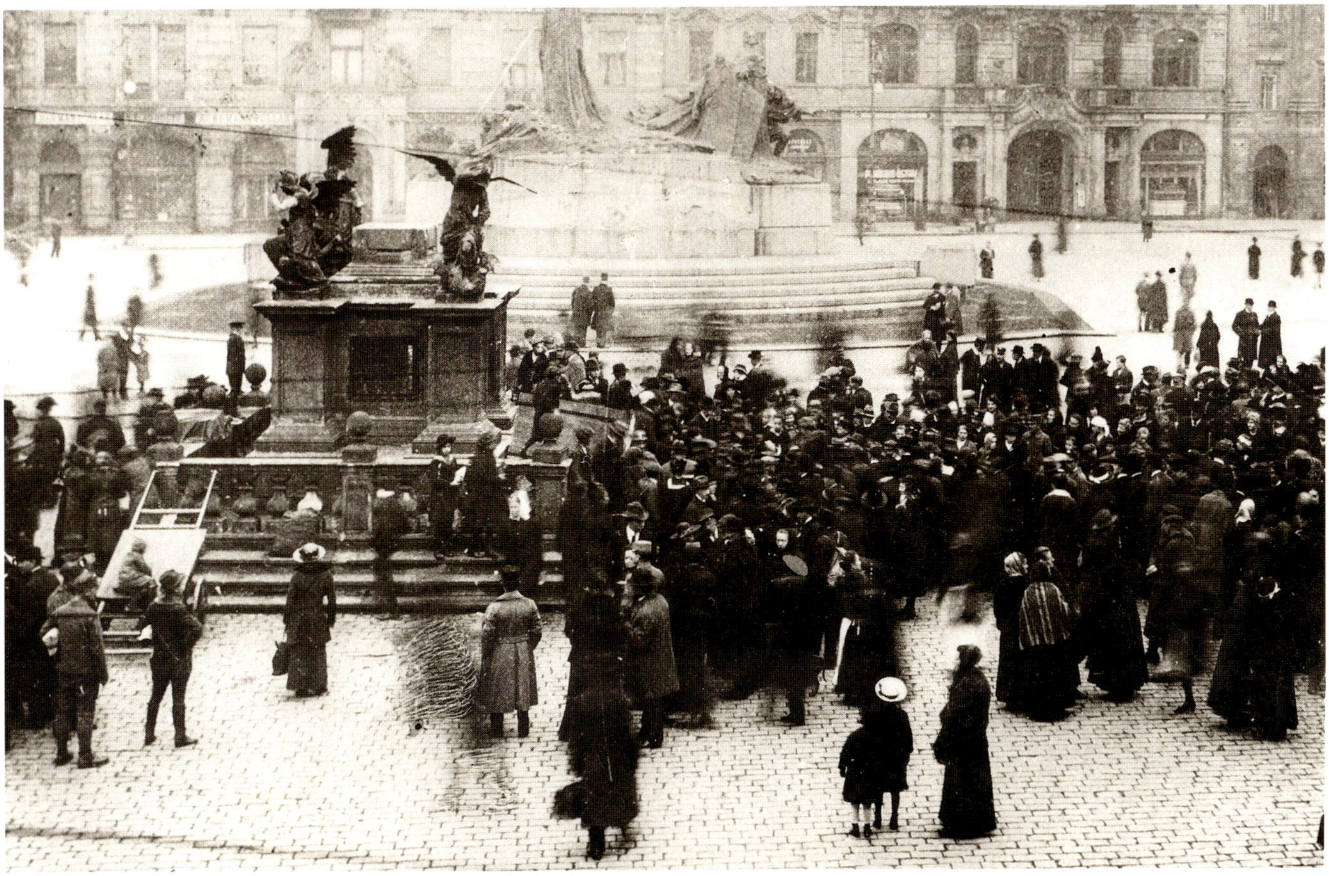

Das Stadtmuseum am Poříč – um 1900

Bierkeller »U sv. Tomaše« (Zum hl. Thomas) nach 1918

Allgemeine Pensionsanstalt in Žižkov (Havlíček – K. Honzík, 1929–34)

KORUNA, Palast der Versicherung an der Ecke Wenzelsplatz und Graben – 1913

Otokar Novotný – Haus des Malers Špala 1930

Außerhalb Prags und doch in Prag

Jaroslav Fragner – MERKUR-Versicherung

Deutsches Haus, Graben

Der Rieger-Kai

Thomas Garrigue Masaryk – 1920

1937 – ein heißer Sonntag am Moldau-Ufer

1937 – die zugefrorene Moldau in Prag

1937 – Prager Volksfest

Eine Prager jüdische Familie (in den dreißiger Jahren)

Aus den Familienbildern Prager Juden

Jüdische Brüder, die in den Gaskammern umkamen

Porträt einer eleganten jüdischen Dame – um 1930

Tschechische Komponisten – 1935

Karel und Josef Čapek im Garten – 1931

Prager Dandys

Prager Jugendstilhäuser in der Pariser Straße

Übungen der Fliegerab-
wehr 1938

Links:
Der Krieg schickt seine
Schatten voraus.
1936 – Übungsflugzeuge
im Angriff auf Prag,
»feindliche Flieger« ver-
gasen das Viertel um die
Burg.

Rechts:
Familienfoto – Erinne-
rung an das Sokol-Turn-
fest 1932

1938 – X. Sokol-fest – Aufmarsch der Artilleristen

Links:
1938 – X. Sokol-Turnfest

Rechts:
Vom Titelblatt der Zeitschrift »Jas«, heraus-gegeben von der Tschechosl. Sokol-Turnge-meinde zum X. Sokolfest 1938 – Auf-marsch der Studenschaft

Thomas Garrigue Masaryks letzter Abschied auf der Prager Burg

Vereidigung am 22. Sept. 1938 vor dem Parlament

133

Die Wenzelslegende auf den Spanischen Bronzetüren des Veitsdoms – Tod des Landespatrons, dahinter sein Grab

3. 6. 1943 – der tschechisch-jüdische Schriftsteller Karel Poláček

Kohle für die Prager Armen – 4. 3. 1940

Die Volkswohlfahrt teilt am 4. 3. 1940 auf einem Gemeindehof in Prag 12 kg Kohle an die bedürftigsten Einwohner des Stadtteils Weinberge aus. Sie sammelte in Groß-Prag 4,5 Mill. Kronen

Publikum auf dem Ball des »Narodní souručenství« (Von der dtsch. Besatzungsmacht gegründete politische Einheitspartei f. d. Tschechen)

Das Publikum grüßt mit dem »Deutschen Gruß« beim Abspielen des Deutschlandliedes während eines Konzerts der Tschechischen Philharmonie im Smetana-Saal des Repräsentationshauses in Prag

Großes Konzert auf dem Reichsplatz, heute Platz des Friedens, am 11. 11. 1943

Am 15. März 1942 wurde in Prag feierlich der gefallenen deutschen Soldaten beider Weltkriege und des Jahrestags der Errichtung des Protektorats gedacht. Die Aufnahme zeigt die Feierstunde in der Deutschen Oper. Unter dem Hoheitszeichen des Reiches sieht man die Wappen Böhmens und Mährens zum Zeichen des Schutzes, den drei Jahre zuvor das Reich über diese Länder übernahm. Das Wort hat der stellvertretende Reichsprotektor, SS-Obergruppenführer und General der Polizei Heydrich

1942 – Kartoffelernte auf dem landwirtschaftlich genutzten Letnágelände in Prag, wo später die feierlichen Truppen-paraden und Maiumzüge veranstaltet wurden und im Herbst 1989 die spontane Großkundgebung stattfand

Verein der Kreuzworträtsellöser

Links: Nataša Gollová – Rechts: »Kraft durch Freude« besuchte mit einem Künstlerensemble eine Wäschefabrik in Libeń und führte dort die Mittagsvorstellung »Künstler zu Arbeitern« auf – 1940

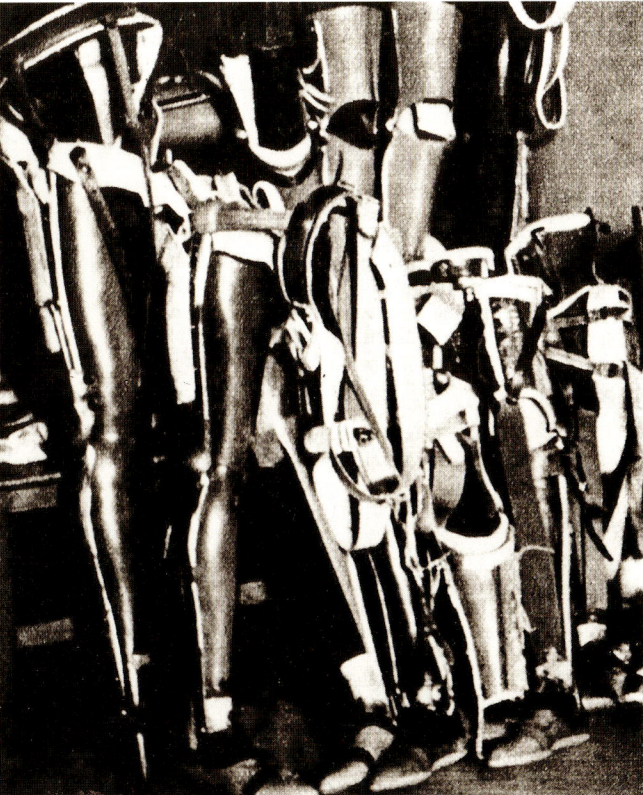

Links: Emil Hácha mit Tochter, September 1940 – Rechts: Fertige Prothesen für verwundete Soldaten – 1943

Illegale Schule für jüdische Kinder – 1941

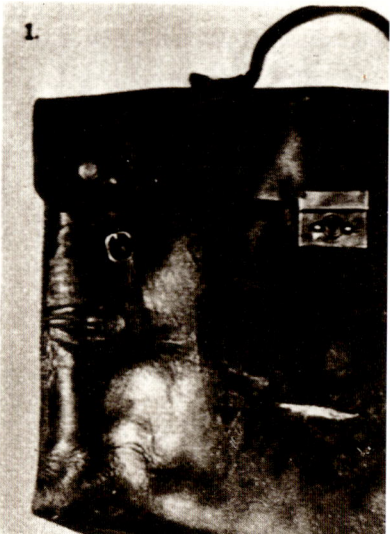

šaty se světlejšími proužky a s c
hými kalhotami. Na nohou měl
né střevíce. Jako pokrývku h
měl černý měkký klobouk.

Pachatel krvácel na levé st
obličeje a měl poranění buď na
tváři, na levém uchu nebo n
vém spánku.

Tyto zde zobrazené věci
rovněž byly zabaveny na místě
a) světlošedý lehký letní plášť
lonového hedvábí a pošpiněna
lonová čepice béžové barvy z
bloudí srsti (s okrouhlou mo
žlutou značkou firmy obchod
domu „Bílá labuť" v Praze)
b) měkká aktovka z hovězí
s hladkou tmavohnědou líci
likosti 410×210 mm. Aktovk

Links:
Das Hauptamt der Staatspolizei gibt in der
Presse eine Beschreibung der Attentäter auf
den stellv. Reichsprotektor und die Gegen-
stände, die am Tatort beschlagnahmt wur-
den, bekannt

Rechts:
Hagibor – Prag Straschnitz, der einzige
Sportplatz, auf dem die jüdische Jugend
spielen durfte – 1941

Im Prager Stadtpark nach dem Zweiten Weltkrieg